顾随致周汝昌书

赵林涛　顾之京　整理校注

河北教育出版社

图书在版编目(CIP)数据

顾随致周汝昌书/赵林涛，顾之京整理. —石家庄：河北教育出版社，2010. 3

ISBN 978-7-5434-7583-0

Ⅰ. ①顾… Ⅱ. ①赵… ②顾… Ⅲ. ①顾随(1897~1960)-书信集 Ⅳ. ①K825. 6

中国版本图书馆 CIP 数据核字(2010)第 047250 号

书　　名　顾随致周汝昌书
整理校注　赵林涛　顾之京
责任编辑　刘相美　张　辉
出　　版　河北教育出版社　http://www.hbep.com
　　　　　（石家庄市联盟路 705 号，050061）
发　　行　河北麦田图书有限责任公司
印　　制　河北新华印刷一厂
排　　版　保定市万方数据处理有限公司
开　　本　880×1230 毫米　1/32
印　　张　7.75
字　　数　238 千字
版　　次　2010 年 3 月第 1 版
印　　次　2010 年 3 月第 1 次印刷
书　　号　ISBN 978-7-5434-7583-0
定　　价　22.00 元

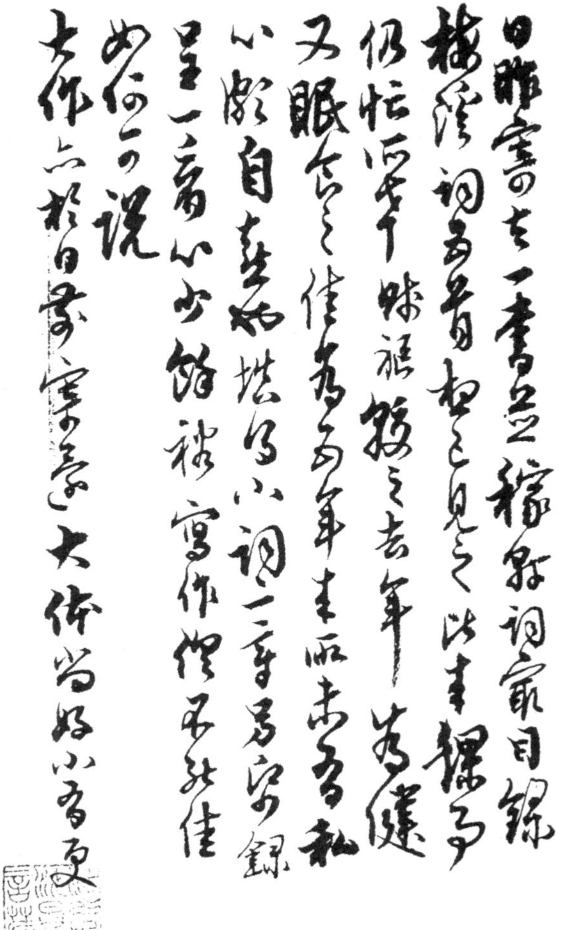

1942 年 5 月 19 日书(局部)

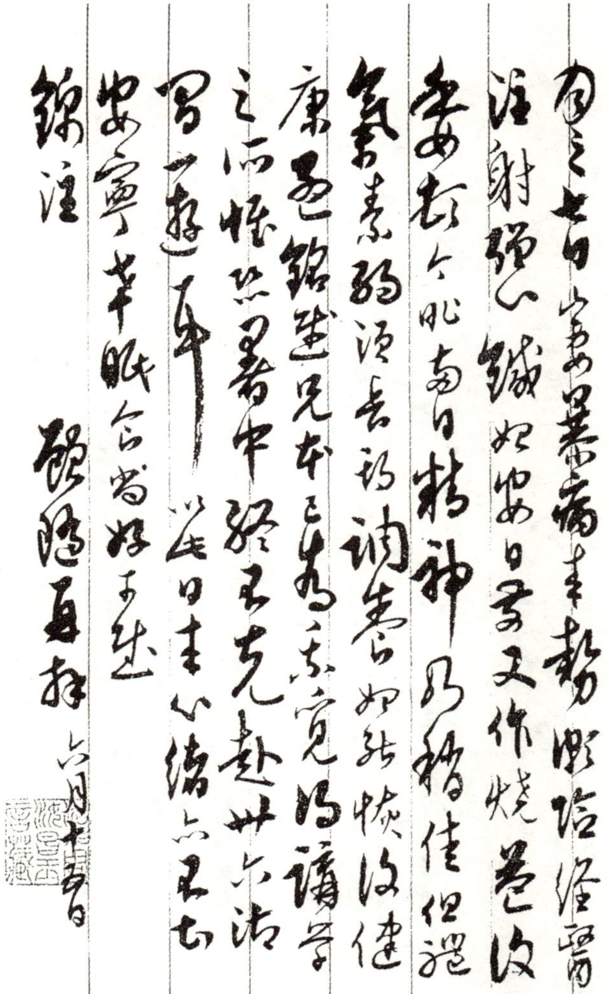

1942 年 6 月 15 日书

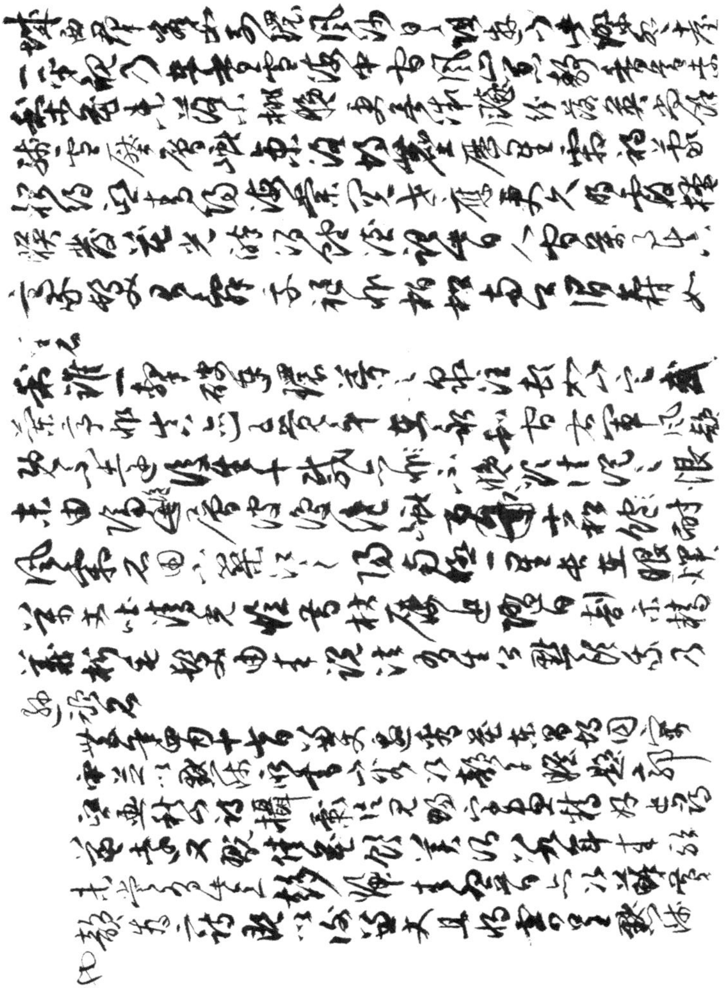

1946年4月18日后书

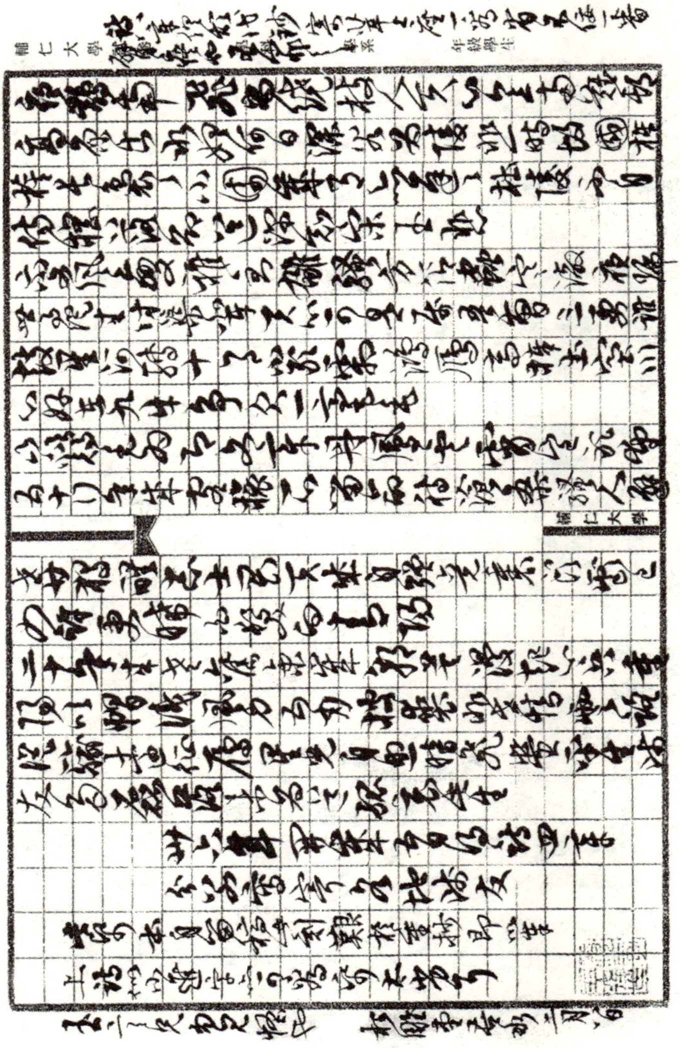

1947年2月8日书

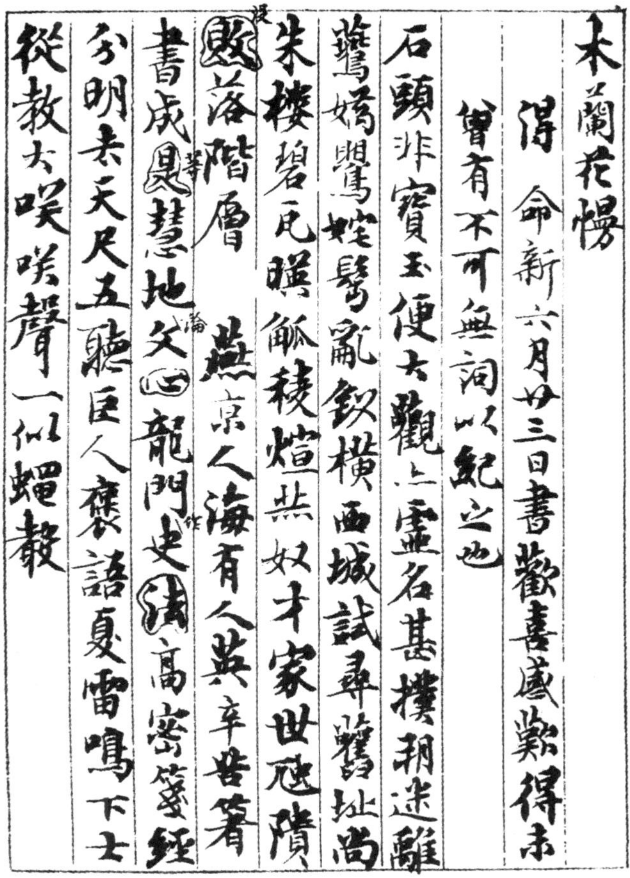

木蘭花慢

得命新六月廿三日書歡喜感歎得未
曾有不可無詞以紀之也

石頭非寶玉便大觀上靈名甚撲朔迷離
鶯嬌燕姹鬢亂釵橫西城試尋舊址尚
朱樓碧瓦映觚稜燈共奴才家世歷隤
敗落階層 燕京人海有人真辛苦著
書成是慧地父亡龍門史識高密箋經
分明去天尺五聽巨人褒語夏雷鳴下士
從教大咲咲聲一似蠅鼓

1954年6月27日书一1

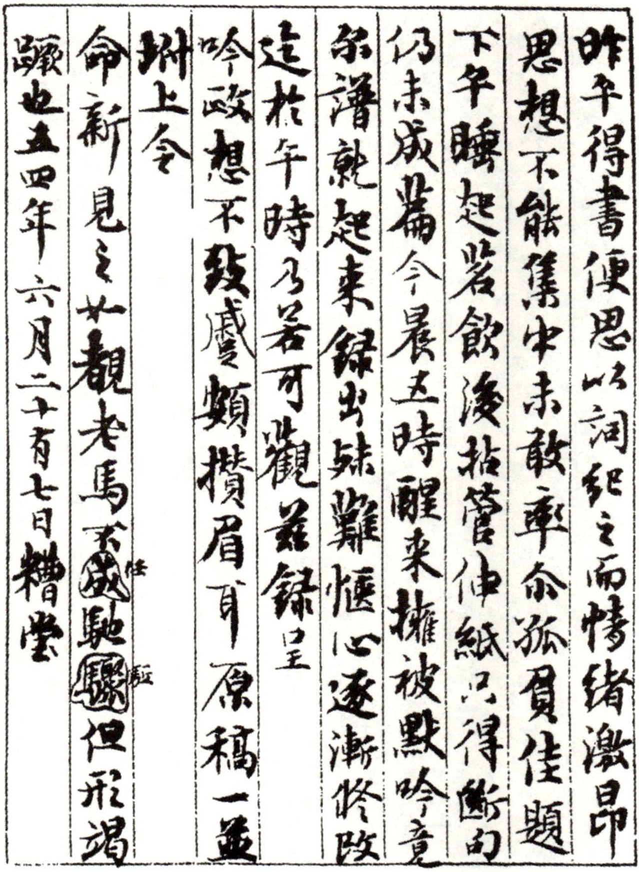
昨午得書便思以詞紀之而情緒激昂
思想不能集中未敢率命孫貫佳題
下午睡起略飲後拈管伸紙只得斷句
仍未成篇今晨五時醒來擁被默吟竟
於譜就起來錄出殊難愜心遂漸修改
迄於午時乃略可觀並錄呈
吟政想不致蹙頞攢眉耳原稿一並
擲上令
命新見之亦觀老馬不成馳驟但形羸
驟也五四年六月二十有七日糟堂

1954 年 6 月 27 日书一2

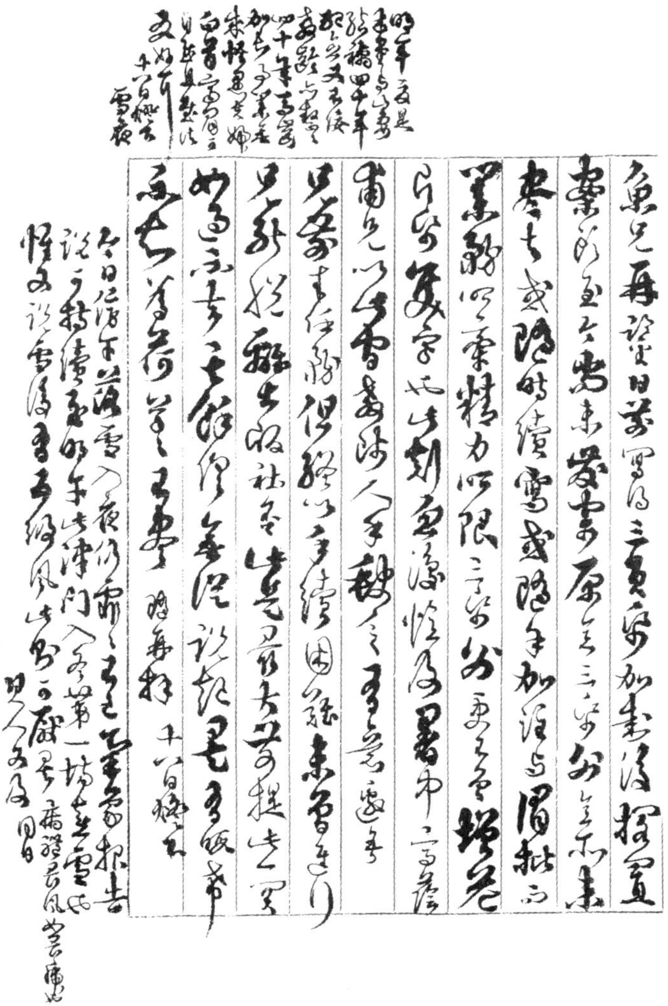

1959 年 12 月 18 日书

序

面对这一册苦水先生之书信集，思绪万千。要把我所要说的话大略梳整一下，那也得一部专著，此时此刻，写此短序，焉能尽其万一，而且我提起笔来也不知该从哪一点、哪一面谈起为是。一句话，我的回忆和感想内容既繁复又零乱。

我从 1941 年之年底冒昧写信给先生，因不知地址，只好把信寄到辅仁大学，没想到次年之春便接到了先生的复函。从此以后直到先生谢世，除去政治运动和先生患病等特殊缘故之外，我和先生的通讯未尝停断，每接先生一封赐函，皆如获珍宝。经过“浩劫”，许多名流大儒的手札，如涵芬楼主人张元济，如中西贯通文史大师钱钟书诸位先生的赐函手迹皆遭散佚，唯独苦水先生的这一批珍札奇迹般地保全下来，此中似有天意，非偶然也。我所谓天意，大略如佛家所言，冥冥之中自有因缘，似不可解而实以历史条件之所安排也，连我自己也不敢相信这是事实。古人尝云：求师难，寻徒也不易。先生把平生一大部分时间心血花费在了给我写这样的信札，可以说明先生门墙桃李遍天下，确更无第二人能得到先生这般的赐予，这是第一层。

接着我就又想，先生写给我的这些珍札，说是为了我个人，自然不差，然而这批珍贵文献的真正价值却远远超越了我们师生二人之间的种种情缘和文学艺术，乃至中华大文化的多个方面的相互启发讨论。这一点，如果是我个人有意的夸大，那自然是我的言过其实，但我总认为早晚会有具眼有识之士会认可我的那种估量。今天的读者也许很难想象产生这批书札往还的时候的真情实况，我们师生二人的国境、家境、物境、心境，都是什么样的？那恐怕也同后人读“二十四史”那样陌生而新奇，甚至不敢置信了。

1942 年年底，我给先生寄去一信致以问候，不久先生就写赐五首绝句来，其末一首云：

抱得朱弦未肯弹，一天霜月满阑干。怜君独向寒窗底，却注虫鱼至夜阑。

至今每一读诵，还是万感中来。

我得到羡季师赋五绝句相赠，感慰难名，亦用五章报之，其中二首云：

一回书至百回看，冉冉风烟岁已寒。除却赠诗才几字，若行读不到衰残。

谋生最好是吟诗（师句），诗里真心几个知。旷代更无郑笺手，飞卿终古枉填词。（时方作温庭筠菩萨蛮注）

我“注虫鱼”的深夜是什么照明的工具？就是一盏小油灯，古云“一灯如豆”，真实不虚，那点微弱的灯光只有黄豆大小，而我伏身在一张炕桌上，写那细如蝇头的小字。有一回，父亲见我还未休息，进屋来见我那种情景，只说了一句话："你这么写，不就把眼弄坏了吗?"说完感叹而去。回想起来，我那时不是不知爱惜目力，而是无从爱惜目力——以至今日我的双目坏到如此地步而为先生的遗札写这样拙陋的序言，除了我的文化水平之外，我的眼睛也与我的心灵一样，说是万感中来，自问这种言辞与一般常见的陈言套语是没有上述时代经历的人能够容易体会的。

先生书札中所涉诸般学问丰富精彩不可胜言，本应随我管见，略加讲疏，惜乎衰残年迈，目不见字，手不成书，谨能以此数行芜词表我微悃，心所难安，复何待言，幸方家读者谅而恕之。

小诗云：

先生书札与谁亲，惭愧村童得保珍。岂独三生私有幸，中华文化待传人。

戊子夏至后受业周汝昌拜撰

目　　录

一九四二年

□俞平伯 □沈尹默 □沈兼士
□余季豫 □郑因百

一九四二年初①

两书均由校中转交收到。意者兄或来旧京就学，当可面谈；又病躯不耐久坐，故迟迟未复，谅之，谅之。

大作词稿及笔记均妥为保存，勿念。春来课事益忙，累于生计，无可如何。间一为诗，久不作词矣。《鹧鸪天》一章尚是去年之作也：

不是消魂是断魂。漫流双泪说离分。更无巫峡堪行雨，始信萧郎是路人。　　情脉脉，忆真真。危栏几度凭残曛。可怜望断高城外，只有西山倚暮云。

比来辅大②有十一小时课，中大③有四小时，又女青年会④

① 1941年12月8日，太平洋战争爆发，日本侵略者强行封闭燕京大学，燕大师生被迫离开燕园。当时就读于燕大的周汝昌只得返回故乡天津的咸水沽，不久即开始与老师顾随通信。此函是顾随致周汝昌信札的第一通。

② 辅大：私立辅仁大学。

③ 中大：私立中国大学。

④ 女青年会：北平基督教女青年会。

开一补习班，二小时，身心交疲，为人为己，两无好处，如何可说。

玉言兄

苦水

一九四二年四月上旬

中宵梦醒所怀万端不复成眠枕上口占

不到西郊已三月，城中草树又春风。祭鹑谁信彼苍醉，叹凤岂真吾道穷。陋巷箪瓢原自乐，小儒铅椠竟何功。扁舟径渡骇天浪，只在横江一笑中。

大　城

大城从古悭春风，亦有小桃弄娇红。海棠未开梨花谢，丁香散馥明月中。蜚廉挟威走砂石，羲和沉彩天如墨。人人抱此惜花心，可怜欲惜惜不得。净业湖畔多垂杨，初春已作鹅儿黄。三月飞絮复水面，百尺柔条拖地长。吁嗟乎丁香白雪桃红雨，垂杨袅袅犹自舞。江南草长乱莺飞，北国春光残如土。

快件与和词二章今晨接到，推崇过当，愧悚，愧悚！大作清新有余而沉着稍差，此半系天性半系工夫，宜取稼轩词研读之。不过辛集瑕瑜杂糅，切宜分别观之，不可不慎。比来各校放春假，稍清闲，故能速复。以后课忙，或致迟答，尚希勿以此为嫌。作字甚草草，亦乞原谅。匆匆。

玉言兄

顾谦

谦乃家六吉弟名[①]，顷方作书致家弟，此处竟成笔误，兹亦不复改也，一笑。

一九四二年四月二十二日（一）

玉言兄史席：

上次函面“同立”误署“同和”[②]，直是偶然，兄来教云云未免求之过深矣。所以不曾涂抹者，则以有碍观瞻故耳。“祭鹑”二字甚牵强，刻拟改“祭”为“翦”，仍嫌不稳也。其详请检《词源》“鹑首”条下。结二语暗用黄山谷诗“坐对真成被花恼，出门一笑大江横”二句之意。“净业湖”在故都什刹海之北，俗所谓“后海”者也。“四十后作”一章，乃倩人所刻，自愧手拙，除作字外，更无一能，然拙书亦至丑。拙词“危阑几度凭残曛”之“凭”字，系承“残曛”而言，故尚不甚牵强，然此等句子，实亦不佳。草草，余另详。

顾随再拜　廿二日上午

---

① 顾随四弟名谦，号六吉，时方毕业于辅仁大学美术系，在济南某中学任教。

② 周汝昌当时的通信处是“天津咸水沽同立木厂”。

大作暂存弟处，得暇再改定也。

又及

一九四二年四月二十二日（二）

浣溪沙

城北城南一片尘。人天无处不昏昏。可怜花月要清新。药苦堪同谁玩味，心寒不解自温存。又成虚度一番春。

自着袈裟爱闭关。楞严一卷懒重翻。任教春去复春还。南浦送君才几日，东家窥玉已三年。嫌他新月似眉弯。

久别依然似暂离。当春携手凤城西。碧云缥缈柳花飞。一片心随流水远，四围山学翠眉低。不成又是隔年期。

临江仙

上得层楼穷远目，中原一发青山。当年信誓要贞坚。千秋明汉月，百二屹秦关。　梦里神游无不可，镜中改尽朱颜。安心未藉野狐禅。此身犹好在，争敢怨华颠。

浣溪沙

但得无风即好天。缊袍犹自着吴棉。花飞絮舞近春阑。
庵结千峰人世外，草深一丈法堂前。衲僧未敢认衰残。

日来课事至忙，时时奔走风沙中，遂患针眼，不能多作字。“辛集”已选出廿首，本拟录目寄去，亦遂不可能，须俟下函矣。春假中得小词数章，选抄寄奉玉言学兄。

苦水　廿二日灯下

拙词不敢望宋贤，若宋贤集中亦殊少苦水此一番意境也。然否？

一九四二年五月十八日

（抄梅溪词五首略）[1]

精选梅溪词五首，灯下写寄玉言兄一看。

苦水

---

① 顾随行草书梅溪（史达祖）词五首寄周汝昌，分别为：《绮罗香》（作冷欺花）、《杏花天》（软波拖碧）、《临江仙》（草稍春回细腻）、《临江仙》（愁与西风俱有约）、《燕归梁》（独卧秋窗桂未香）。

一九四二年五月十九日

日昨寄去一书并《稼轩词最》[①] 目录、梅溪词五首，想已见之。比来课事仍忙，所幸贱躯较之去年为健，又眠食之佳为五年来所未有，私心颇自喜也。填得小词二章，另纸录呈一看。心少余裕，写作俱不能佳，如何可说。大作亦于日前寄还，大体尚好，小有更易，聊为他山之助而已。暑假将近，而假期两月中之生活费尚无着落，缘在辅大、中大两校俱系兼任讲师名义，假中无薪也。私意欲到津门讲学，收得些许束修，或可略资挹注。惟讲学之地既不易觅得，而听讲者人数之多寡亦殊无把握，平生作事向来一如信天翁，丁兹叔季，事事必须自家筹画进行，便觉如着败絮走入荆棘中，处处有滞碍。兄素性亦落落寡合，津门旧日校友想素无往来，恐亦未能先为道地耳。临颖不胜惶惭之至。此致

玉言兄史席

苦水上言　五月十九日

---

① 《稼轩词最》即后来成稿之《稼轩词说》。

一九四二年五月二十六日

玉言兄史席：

前得手书并《水调歌头》《莺啼序》各一章，尚未复，顷又奉来札，敬悉一是。连日仍忙，辅大四年级生已开始毕业考试，日内须阅卷及看论文，恐暇时益少也。腰膂又时时作楚。昨得家六吉弟书云，教书生涯等于讨饭，然更有人欲讨饭而不得云云。念元代有九儒十丐之说，盖读书人之与讨饭相去不过一间由来已久，不禁失笑。

兄论《读词偶得》与余见多合。余与平伯[①]先生有同学之谊，又相识已久，然总觉彼此不能融洽，"吾友之一"云云者，乃是沈启无[②]之言，而非苦水之言也。

《莺啼序》极见工力，然涩调大篇，除走南宋一路外，更无他途。韵文一唱三叹之美遂不复可寻。苦水平生未敢轻试者以是故耳。若就词论词，大作可谓完璧。《水调歌头》结二语悠然不尽，深得宕字诀，惜"莫非来时"四字于律不合，须另拟耳。前寄拙词二章，俱不佳。《鹧鸪天》结句诚如尊评，俟心情稍平静当改作。"未藉"之"未"字或当改"不"字，然"不"字犯复，又"未"字语气音节上俱较和调，故终用之。

---

① 平伯即俞平伯。《读词偶得》系平伯著作。1936 年，伯平曾为顾随《积木词》集（未印行，稿已佚）作序，并刊于当年之《词学季刊》。

② 沈启无：周作人弟子，时为顾随同事。

胸中有书可，作词时却不可卖弄他。胸中书来奔赴腕下可，若搜寻他却又不可。苦水《鹧鸪天》结句是搜寻来地，所以不佳。

假中赴津之行恐终难现实，多病之躯饮食起居俱需人照料，又每值伏日常常生病，五年以来年年如此，内子亦极泥余行也。生活费恐仍当举债耳。草草。此颂

吟祺

顾随再拜　五月廿六日灯下

近来觉得作词人须多读唐人诗，不知兄亦同此感想否？

一九四二年夏

临江仙

出游见有叫卖樱桃者，纳兰容若词曰“深巷卖樱桃，雨余红更娇”，因用其意赋小艳词一章。

阶下翩翻红药，当窗绿展芭蕉。雨晴残日压林梢。一声来小巷，四月卖樱桃。　　记得当年樊素，朱唇况是蛮腰。歌阑舞罢总魂消。重来携手地，忍泪过虹桥。

鹧鸪天

梨树花开有作

梨树花开是夏初。圆荷叶小水平湖。愁边往事知多少，春色远人定有无。　　才止酒，又摊书。先生心计已全疏。卅年学得屠龙技，惭愧旌旗拥万夫。

卅一年初夏所作小词二首，俱不佳，写奉玉言兄一看。

去病未定草

一九四二年六月四日（一）

追和尹默[①]师十六年所作春归杂感诗

深夜无眠，挑灯独坐，易感孤怀，更滋永叹。问人间以何世，谅天意之如斯。呜呼！万方一概，八表同昏，李将军之身羁塞北，道别河梁；庾开府之赋哀江南，游心故土。前修往矣，来日大难，不有忧生，何来短什。步韵老辞，砌句成篇，香草美人未堪上托于灵均；破国春城，枉具共鸣于工部云尔。

芳草无边忆锦茵，春光还似早妆新。年时小院回廊下，

① 尹默即沈尹默。顾随师从沈尹默，诗词、书法均受其影响。

落花独立更何人。

河鲤云鸿逐日稀，萧骚蓬鬓晚风吹。土花蚀尽纤纤印，泪洒空阶碧藓滋。

花袅长条两鬓垂，人间天上更无疑。不堪细雨斜风外，独过伤春病酒时。

貌瘁心伤可语谁，小园高阁义山诗。当年翦烛盟犹在，会有西窗话雨时。

何必惊人老杜诗，无穷生意即新奇。老蚕上簇柔桑尽，几树青杨叶正肥。（默师有句曰“青杨叶大海棠稀”云云。）

少年谁不爱春华，老去逢春只自嗟。惆怅一天风雨恶，中宵落尽满林花。

重山重水念行人，别久相思日日新。坠絮飘花何限恨，匆匆又过一番春。

春山无一语，春波镇日流。生涯知有尽，未尽岂能休。双颊销红鬓添白，检点形骸为君惜。络玉簪桃过者谁，踏遍六街不胜悲。君自未归春自好，莫将浅深量酒卮。

远帆近帆一江风，桃花杏花十里红。五载乱离念骨肉，凋饥思食垢思浴。昨夕雨停露未干，遥天一发倚阑看。柳径寒生袷衫薄，丝泪飞花纷纷落。

溅泪凭花为感时，与春又作隔年期。南天路远愁无尽，肠断春归杂感诗。

卅一年六月一日灯下所作，四日写奉玉言兄一看。有兴并希和作。

苦水

一九四二年六月四日（二）

书悉。论用典及南宋词并评拙作“况是”[①]两字，语语中肯，实得我心。近词数章，笔意清新，尤为可喜。如此猛晋，真乃畏友，苦水遂不欲以一日之长自居矣。呵呵！禅宗古德曰：“见与师齐，减师半德；见过于师，方可承受。”然哉，然哉！仍忙，再过十日便闲矣。比稍健，勿念。此颂
玉言吾兄夏祺

苦水拜手　六月四日

① 顾随《临江仙》（阶下翩翻红药）中有句云“朱唇况是蛮腰”，乃化用白居易诗“樱桃樊素口，杨柳小蛮腰”之句。

诗十首[①]另纸录奉，未知以为何如。然苦水之书法与诗法，自今岁春间起便似有小长进。兄当不以我言为夸。

郑注辛词[②]是油印本，仍当于津门校友处求之，小斋无其书也。再，前次所寄上两词俱不佳，屡屡修改，终不惬心，拟删之。兄以为何如？草草又尽一页纸。

苦水

稼轩之掉书袋确是病，然仍有虽掉书袋不害为佳作之章。友人郑因百曾有稼轩词详注之作，亦曾付油印作为教本。旧校友陈东生有一部，惜不知其在津住址，如兄欲一看，弟可代为探听陈君通信处也。

文学修养在作人与读书，是不刊之论，当共勉之。拙作《临江仙》"况是"二字亦几更琢磨，意谓此一人既是樱唇而又柳腰，兼小蛮与樊素之美，若改"相伴"，恐使读者又疑为二人耳。忙中不曾填词，昨得五律一首，亦不佳，兹不录。草草又尽一页纸，心头作跳矣。余俟再函。

苦水又白　同日灯下

文人之读书究与考据家有别，吾兄当了此意耳。

---

① 诗十首即其前之《追和尹默师十六年所作春归杂感诗》。

② 1939年，顾随友人郑骞曾由燕京大学油印《稼轩长短句校注》。郑骞字因百，书中时或称之为"郑公"·或"因公"。

一九四二年六月四日后

老僧廿年来登台说法，呵佛骂祖，年将五十乃得玉言，其发扬逴跞乃复过我，可畏哉，可畏哉！然而老僧却不免嫌玉言落入法障，从今以后，试将诗话、词话之类一齐放下，只一味吟咏玩味赏心会意之古作，养得此心活泼泼地如水上葫芦子相似，推着便动，拶着便转，自然别有一番田地，不知玉言然我言否？

和默师诗第一章失粘，多蒙指出，兹拟改作"无边绿草又如茵，芳树抽芽别样新"，何如？自觉虽无声病，却依然如来示所云，是《浣溪沙》《鹧鸪天》词中之句耳。论阴阳平甚有卓见，惜老僧于音乐是一外行，但会得古人所云"二仄定须分上去，两平还要论阴阳"之微意而已。昨夕又和得默师近作六章，抄奉一看，自觉比前作十章为佳，欲得玉言直言为我定之也。草草。此致

玉言道兄吟席

苦水和南

春半樊川怨岁除，愁来潘岳赋闲居。少年情绪无多子，剩读西天贝叶书。

滚滚东流去不还，风怀少作定须删。荷锄归去衣沾露，谁道渊明只爱闲。

托钵归来又上堂，此心难与世相忘。禅机会到无言处，空里游丝百尺长。

禅月空明息世尘，吾衰已久竟谁陈。当前哀乐要须遣，论定千秋自有人。

夜半心弦不住鸣，香消茶冷奈诗成。幽州台上陈伯玉，不尽千秋万古情。

一碗清茶手自煎，当春常是怨华颠。纵教得句输灵运，可奈吟诗忆惠连。（末句指家六吉）

苦水未是草

夜深眼昏，作字甚草草。来示颇赞拙书，惜不得令兄见小斋所藏默师书，其精者直入晋唐诸贤之室，下者犹当高揖董玄宰、文征明辈也。

郑注辛词可到西北城角南阁西街廿六号访孟铭武[①]君一谈。先去信一询为妙。信中直说由苦水介绍即得。

又白

① 孟铭武，燕大经济系学生，曾师从顾随学诗与书法。书中或称“孟公”，或戏称“孟大师”。

一九四二年六月十日前后

玉言谓前后所和默师诸诗有天生与膏沐之别，然乎哉，然乎哉！惟连字韵过蒙奖许，未免惭惶耳。暑后行止如何？独不能来此间行脚挂单耶？想来草此纸，恨字不能佳。

苦水

日前与兄书，询以能否来此行脚挂单，乃是询能否来此转学。良以吾兄天资超逸，虽不必待文王而兴，然学校中亦颇可以收广见闻、资切磋之效，辅大国文系如沈兼士[①]先生之小学，余季豫[②]先生之考据，皆并世无两，兄其有意乎？然又须待来年矣。

苦水又白

一九四二年六月十五日

月之七日山妻暴病，来势颇险，经医注射强心针始安。日前又作烧，益复委顿。今昨两日精神乃稍佳，但体气素弱，须长期调养始能恢复健康。孟铭武兄本已为我觅得讲学之所，惟

---

① 沈兼士，沈尹默三弟，顾随尊称之为“兼丈”或“三丈”。

② 余嘉锡，字季豫，时任辅仁大学文学院院长。

恐暑中终不克赴卅六沽间一游耳，以此日来心绪亦不甚安宁，幸眠食尚好，可慰锦注。

顾随再拜　六月十五日

一九四二年七月四日

手书两通，至今未复，谅之，谅之。山妻比已渐愈可，而贱躯以天热眠食苦不能佳，又忙于筹画暑后职业问题，不得不外出奔走。以一倦驼而驰驱烈日暑风中，其勉强可知。然彭泽诗曰："饥来驱我去，不知竟何之。"今者苦水尚有熟人可访，有一定之地点可去，较渊明为优也。玉言其勿为吾扼腕哉！

大作诗词真有进益，可喜。诗，余最喜"始知无语最含情"一章；词则"人语隔垂杨"也。然吾意以为元气仍未充沛，故思想与笔墨不免时时露痕迹，一丘一壑固已清绝，惟稍乏云蒸霞蔚、深山大泽之致。此亦正是苦水之病，当与玉言同勉好修，疋札序评亦仿此。孟君来此曾晤及，谓亦无稼轩词注。有孙铮[①]君者，或当有此书。孙君住津南关大水沟，门牌号数已忘之，兄一探询必能得之。比亦时时作字，欲得拙书，可不必寄纸来，如有合意之作，即检出奉上较简当耳。

和《春归杂感诗》第一章，比已改妥，第三句为"小院疏

① 孙铮：顾随在燕京大学任教时的弟子，字正刚，书中常以"孙公"、"刚公"相称。后一度与顾随为天津师范学院同事。

疏一帘雨”矣；又“夜半心弦不住鸣”，“不住”已改为“瑟瑟”，何如？比以天热不能用心思，时时思有所述作，终于并无只字。再过三五日，又当为学校阅看新生考卷，恐更乱我心曲也，如何，如何！

兄作字亦有致，亦苦不沉着，大约用笔时不肯将笔完全润开，只使得笔尖三五分许，故提得起而放不下。此评亦是想当然，然若幸而言中，亦是偶然也。吾比写欧书《虞恭公碑》，京高纸，行四格，日写百许字，愈写愈丑，却不肯放弃此工作。以每年暑中照例如此，所得为不少。有人说苦水行草全不似欧法，彼又讵知苦水作如是行草之全赖于欧法哉！俟吾欧书得髓，字当更是一番境界，然又乌可必耶？

来书“壬午长至日”云云，“长至”当是“短至”之笔误。草草。此颂

玉言兄起居佳善

苦水和南　七月四日灯下

信手写去已近两页纸，写完细阅，始知用“比已”二字太多，兹亦不复改削也。信写得较长，头又涔涔，恐今夜又不得好睡也。

一九四二年七月二十七日

玉言吾兄：

手书两通又大作《贺新凉》与七古一章均拜读，慵未即复

者，非以忙，乃以天气。雨多湿重，腰背时时作楚，遂懒于伏案执笔耳。今日阴雨，竟日潮凉有如新秋，而筋骨酸痛，坐立皆无所可。卧床偃息不复欲起。向夕雨止，即如复活，灯下独坐，乃作此书，然中怀郁结，恐亦未能尽所欲言也。平日爱读嵇叔夜《绝交书》，尤喜其“直性狭中，多所不堪”二语，以为殆不啻为苦水写照。

来书有云，“诗人不穷便非真的”，读之不禁失笑。百无聊赖之中得玉言此语不但解嘲，亦足自慰。然窃谓天地之大，穷人甚多，而诗人则极少。常人之穷，苦其身家而已；惟诗人则能言之，故遂易为世人所知耳，岂其穷竟有加乎他人之上者哉？苦水有室家之累，平素自奉又稍优，此际遂有似乎穷耳，较之古昔诗人之穷者，固已有间矣，岂得谓之为真穷乎？

比来不曾为辞章，日临欧书作壹百余字而已。草草，俟再函。此颂

暑祺

苦水再拜　七月廿七日

一九四二年九月十一日

玉言吾兄如晤：

手教接悉，欣慰之极。不佞平时颇少外出，所有课程，俱在上午十二时前，午后二时至三时或小睡耳。兄今星期日上午能来小寓一谈耶？辛词注稿已送来，惟尚未交与郑公。灯下作

字，目力不济，甚草草。敬颂
秋祺

顾随再拜　九月十一日

孙正刚兄嘱作字，已写就，尚不恶，祈转告。

又白

一九四二年九月十八日

玉言道兄如晤：

日前来小斋时，本拟留饭，以舍亲数辈亦莅止，内子颇有手忙脚乱之势，是以未克如愿，甚怅，甚怅！夏日不佞极康健，九月多雨，渐觉不适，然尚可支持。十六日冒雨到校，归来遂觉宿疾全作，衰惫如斯，不独多劳知交系念，自身亦殊少生机与生趣，如何，如何。带去拙稿想俱已过眼，如有笔误处，即烦随手点定为荷。秋来所作七律一章，已由孟铭武君抄出，兹附函寄上一阅，如须留此原稿，希另纸抄一过赐下也。拙作比来悲怆益甚，年长体衰，所如不合，了无佳趣，亦自难怪，惟决非好气象耳。欲言不尽。即颂
著祺

顾随再拜　九月十八日

一九四二年十二月三十日

玉言有书来问近况，赋五绝句报之

万方一概更何之，如此衰躯好下帏。怕读稼轩长短句，老怀无绪自伤悲。

一带青山结暮阴，寒烟衰草倍萧森。经年不过城西路，何限凄凉病鹤心。

知我惟余二三子，时时书札问何如。坐看白日堂堂去，独抱冬心到岁除。

寒风卷地扑高枝，吾庐岌岌尚可支。我有一言君信否，谋生最好是吟诗。

抱得朱弦未肯弹，一天霜月满阑干。怜君独向寒窗底，却注虫鱼至夜阑。

三月以来久未作书，忙耳，病耳，懒耳，无他故也。又目力亦至不济，灯下作此等字[①]已觉费事，衰残如此，如

① 此信除末尾“又白”一段外，全用楷书。

何可说。

苦水　卅一年小除夕

来书所问未能一一作答，谅之。又，自秋徂冬，得古今体诗凡三十余章，而五七言古居其半，苦不得写寄耳。

苦水又白

一九四三年

□《稼轩词说》 □《东坡词说》

一九四三年七月十七日

老衲自去秋以来，生活千疮百孔，七零八落，加之衰废相缠，实实自救不了，而又须向什方丛林挂单坐禅，十字街头逢场作戏，十分狼狈，一场败阙。上座不与俗人往还，料是不得消息。老衲这里种种亦非楮墨所得具悉也。更有进者，精力既衰，一毫亦不敢浪费。此譬如贫家有些许钱财，只好维持最低生活，不独享受娱乐不敢作非分之想，便是朋情往来，亦不得不得省且省。上座不见《诗经》上云“终窭且贫”，毛传曰“窭者，无礼也”。

接得手札三纸，草草作此一信，不罪，不罪。

玉言道兄法席

苦水和南　七月十七日

春夏间移居南官坊口廿号。

一周来监试阅卷，眠食俱不得安，信之草草亦自有其不得不草草者在。谅之，谅之。

苦水又白

未分一首

未分乾坤着腐儒，漫从故我证新吾。中宵幻梦灯明灭，一枕游仙事有无。天道何干马生角，春光已老燕将雏。高楼极目愁无际，又见残阳下碧芜。

读《宋书·萧惠开传》有感作

除却新诗费翦裁，睡余无事且徘徊。寂寥深巷尘仍至，舒卷闲云雨未来。三尺短垣延扁豆，数间老屋荫高槐。阶前悉种白杨树，绝忆当年萧惠开。

拙作《临江仙》[①] 之“屹”字，是“我行荒草里”，上座如今所改之“茕”字，是“汝又入深村”，呵呵。

苦水又书　同日

老杜“暗水”十字中，若改须改“带”字始得，若“流”定是“流”，改不得也。老衲小词中“千秋”十字中，若改须

① 《临江仙》见于1942年4月22日书，词中有“千秋明汉月，百二屹秦关”之句。

改“屹”字始得，若“明”定是“明”，亦改不得也。上座肯老衲么？若肯，即休去；若不肯，则再起一番葛藤。老杜之“带”字或者也改不得，一改也许便非少陵诗法。若老衲之“明”字，却断断乎改不得，一改便非苦水口吻。所以者何？苦水作品原不讲字法故。上座于此定是又不肯老衲。然而老衲今日腰酸臂疼，只能写到者里，若肯，则“风月谁家不是邻”；若不肯，则“家家有块遮羞布”也。珍重！

一九四三年八月十六日

暑雨蒸湿，《稼轩词说》终于脱稿，日来精神疲敝，眠食俱不能佳，惟此一业既已告竣，不独可以自慰，亦可以远慰我巽甫也。所恨生性阔疏，行文说理细处仍恐不到，若得巽甫在此，时时加以搒迫，当更为精密。又，字数三万左右，属稿时信手写去，蚓蛇纠纷；比来又加削改涂乙，殆不可辨认。自己下手誊真，既不可能，属之他人，亦殊难得其选，使巽甫而在此也，亦必为我代劳，今则无可如何矣。三日来读东坡乐府，所得亦较胜前，亦颇思选十数首说之，而强弩之末尚不能穿鲁缟，况属弱者，宁有远力乎？是以又不能不暂行搁置。转瞬开课，更无暇晷，恐动笔须待来年耳。如何，如何？

手书已接到，绝句甚有致。辩才无碍于诗，尚是新径也。小词一章，昨夕所得，附呈。此致

巽甫道兄史席

顾随白　十六日

南歌子

夜深雨过无寐口占

淡淡清秋月，疏疏过雨星。夜深深院少人行。只有少人行处、有飞萤。　　寥落今宵意，悲欢旧岁情。学参犹未悟无生。何日横担榔栗、万峰青。

驼庵未是草

一九四三年八月二十七日

霖雨既过，凉风飒然，颇觉有深秋之意。老衲今日通体袷衣，内着毛线半臂，犹觉腰腿作寒，毫无暖气，衰惫如此，雄心俱尽矣，如何，如何！然末法凌迟，继起无人，一付担子几番欲卸不能，苦哉，苦哉！

上座比来何似？飞卿词注已脱稿否？老衲时时疑着，巽甫心思周密，恐不免有时失之太过。盖别人苦不能入，而上座则或入而未肯出耳。虽然，吾姑如是云云而已。久不晤对，未审工夫究竟到何等地步也。

“横担榔栗不逢人，直入千峰万峰去”，吾读《传灯录》与《五灯会元》，时时见之，究是谁氏之句，却从来不曾晓得。此刻揣摹，或是晚唐诗僧集中语，然而大海捞针，苦水却无从下手去寻根究底。“有飞萤”三字，意是而辞乖。“飞”不如

"流"，诚然；"有"字不佳，作时苦不得一好字易之，故仍用"有"耳。若"有流萤"三字，则决不可联在一起，吾敢保巽甫必能会此意。宋人句虽曰"柳梢风急渡流萤"，而此处似乎又不可直作"渡流萤"也，是不？

《稼轩词说》昨被郑因百先生携去，以说中有数处拟与之商略，故令其先检阅一番耳。

老衲平日为学，闭门造车，既无师承，亦未求人印可，惟近十年中作诗与作字确实为默老烧香。上座高眼，一见默师薛帖题笺，便觑破苦水笔法来历，可畏哉，可畏哉！吾近中作楷仿唐人写经，而兼用信本、登善笔意，自谓颇得古人妙处，苦不能勤而习之；复以腰背无力，不能作长幅大字，此事恐终于无成。巽甫此番来信，老衲细审，用笔结体亦迥异时流，嫌不甚结实，当是工夫与年龄之故。若能从此精进，苦水不足道也。

退笔粗纸，草草写来，聊当半日长谈。坐久不独腰软，顷胃痛与痔疾又发，亦殊难支。此致

巽甫上座

苦水和南　廿七日

俟晴暖日，疾稍可而兴较佳时，当为巽甫用习堇庵[1]稿纸写一两页小楷去。但衰懒健忘，不日又须开堂说法，此愿不审何日始能还耳。

又白

① 习堇庵：顾随前时书斋名。

日昨又选得东坡居士词十二首，拟说，亦写得一首矣。以身心交病，今日竟未能下笔，若搁置下去，恐又须明年见也，如何，如何！

三白

一九四三年九月二日

巽甫两字极好，不必另拟矣。词赘之作，甚感厚意，今姑且置之（暂不必续写），此别有说，稍暇当为函略疏吾意，然大旨亦在不便以此琐屑劳动巽甫笔墨耳。

十日以来又说苏词，选得十首，又附四首，今日已说至第六首，字数逾六千矣，开课前或能完卷亦未可知。惟秋阴不散，心绪难佳，夜间每苦失眠。展转无憀，则口占小词，今日录出，已有五首，即以原稿奉寄。忙于写《词说》，不及另抄也，阅后请寄还原稿。如有闲钞一遍寄来更好，（若尔则原稿可留兄处，不必寄还矣。）苦水处尚未留稿也。

新镌十字一章甚有致，但旁人见之不谓为阿好，亦说是标榜，如何，如何！

巽甫道兄吟席

驼庵苦水和南　九月二日

说苏较说辛为细密，文笔亦似更有可观。

鹧鸪天

秋日晚霁有作

高树鸣蝉取次稀，薄寒又袭旧秋衣。一天云散惟凝碧，九陌晴初尚有泥。　　花澹澹，柳凄凄。后期无奈是佳期。今宵十二阑干外。已是秋风更莫疑。

浣溪沙

偶得“后期”七字，已谱前章，叶九[①]见而喜之，因再赋此阕。

阶下寒蛩彻夜啼。坐看窗影月移西。早知不得到辽西。新梦纵教同昨梦，后期无奈是佳期。高鬟弹尽翠眉低。

临江仙

“后期”七字意仍不尽再赋。

病沈新来真个病，不堪带眼频移。轻寒欺杀旧罗衣。清秋思见月，久雨不闻雷。　　惟有秋娘眉样好，弯弯况复低低。佳期纵后是佳期。回风来过我，缥缈载云旗。

南乡子

秋势未渠高。菡萏红香一半销。独向会贤堂下过，条条。

① 叶九：顾随友人杨善荃，号叶九。

几树垂杨斗舞腰。　　心绪漫如潮，爨下琴材尾已焦。柳枥横担无分在，飘飘。白袷风吹过小桥。

前所作《南歌子》有“横担柳枥万峰青”之句，玉言见而爱之，因复为此章。佛家谓缁衣为僧、白衣为俗人，白袷之意盖取诸此。

鹧鸪天

不寐口占

老去从教壮志灰，不堪中岁已长悲。篆香欲烬寒先到，蜡泪成堆梦未回。　　星历落，月如规。遥山浮翠映修眉。庭花无数西风里，抱得秋情说向谁。

一九四三年九月十二日

巽甫道兄史席：

手教附词均拜读，日来急于说东坡词，故迟复耳。兄于填词，笔致不近辛，吾旧年所云云者，亦不必太置意也。迄昨说苏已告毕，昨夕复细改一过，又恨不得与巽甫共论之。新生子女，为父母者日日抚摩，不必以其俊美也，一笑。草草。即颂秋祺

顾随拜手　九月十二日午

说辛手稿已自郑公处取还，昨复为辅大校友携去，亟思令巽甫一见，但寄出尚无期耳。苏目另纸抄呈。

一九四三年九月十七日

前日午前方发一书，午间即得手札并《八声甘州》一章。拙词蒙手抄一过，谢谢！“秋霁”章中，“薄寒”句诚如君言，刻改作“新凉已解袭罗衣”，惜“已”字重歇拍之“已是”耳，或当听之耶？或改“已解”为“初解”耶？“有泥”之“有”，属稿时亦不惬意，惜不得妥字易之，若巽父所拟之“辗”，思致颇佳，但老驼尚不拟从。（亦拟用之，但恨其声近哑耳。）假如巽父与吾同作刑名老夫子，巽父宁失于入，吾则宁失于出耳。“月移西”，原意是“月西移”，“西”字与下“辽西”字复，任之。“况复”改得是，当从。“无分在”，“在”字于语录中常见，其意当于助语辞，与“哉”为近，无实义，故此处拟仍之，不改。

大作笔致涩重，类梦窗，与吾不近，未能代筹。私意大体俱好，惟结尾“人间相”三句与前不称，以其滑而轻也，然否？

连日贱躯亦不适，又上课即在日内，私心尤为怏怏。日昨选得大晏词十首，拟继东坡词而说之，恐不能下笔矣，可惜，可惜！驼庵于《珠玉词》实有独到之见，向来二晏词皆以为雏凤声清，吾则以为老姜味辣耳。词目容当抄一份奉寄，今暂不暇。孙铮君久未通函，可为吾代候，并致唁也。中秋日得小词

一首，颇得意，巽父谓何如？秋凉诸宜珍摄。书中只此可说，恨无由一面耳。此致[①]

青玉案

行行芳草湖边路。正红藕、开无数。向夕风来香满渡。画船波软，垂杨丝嫩。记得相逢处。　　一龛灯火人垂暮。案上楞严助参悟。未落高槐枝尚舞。秋阴不散，琐窗易晚。坐尽黄昏雨。

鹧鸪天

日光浴后作

暴背茅檐太早生。病腰已自喜秋晴。花间黄蝶时双至，枝上残蝉忽一声。　　经疾苦，未顽冥。几曾觉得此身轻。夕阳看下西崦去，卧诵床头一卷经。

浣溪沙

比来日日读《珠玉词》及六一近体乐府，因借其语成一章。

一片西飞一片东。不随流水即随风。年年花事太匆匆。
澹霭时时遮落日，新凉夜夜入疏桐。看看秋艳到芙容。

① “此致”之下当有祝语及款识，而信纸幅式狭长，复印时溢出界外，不得见矣。

临江仙

巽甫寄示近作《八声甘州》一章，自潮浅视。适谱此阕未就，过片因采其语，足成之，却寄巽甫为一笑也。时为旧中秋节。

薄酒难消深恨，密云唤起新愁。谁能丝竹遣离忧。学参初解夏，时序旧中秋。　　一眼还如千眼，劝君莫怨双眸。何时同过爽秋楼。苍茫烟水外，云树两悠悠。

宋孝宗既以蹴鞠损一目，金人遣使进千手千眼佛，意盖以讽之。宋臣为颂以解之曰："一手动时千手动，一眼观时千眼观。幸自太平无一事，何须用得许多般。"过片之意本此。"密云"谓"密云龙"，不知能如此用否？又不知是此"密"字否？平时读书不熟，如今老而善忘，巽甫幸为我校改之。又，末二句是吾所谓得意者，然亦不识如此即得，抑或当改作"苍茫云树外，烟水两悠悠"也，或"两"更宜作"共"耶？前后客津六载，不曾一至咸水沽，未知其景物何似，水外有树耶？树外是水耶？吾意定稿必当决诸巽甫耳。若两句之意，虽然说得如彼其雅致，直是说两个近视眼而已，巽甫不为之一粲然耶？至前三章都复不佳，惟"新凉夜夜入疏桐"尚堪自信耳。

前幅信是今日上午所写，下午假寐不成，又录得词，今日精力已尽，于是不复能再事写作矣。

驼庵附识

又，前曾来书，道及命理。吾平日尚不曾正式求人推步。廿年前友人武杕生曾草草为一批，当时气盛，笑置之而已。去年因公亦曾略略谈及，惟渠只记得吾之年月日，而不知其时，故语焉不能详。平居自思，苦水命宫磨蝎？只是怕他壬癸，不知何故。巽甫如有兴，幸为我一详焉。

乾造　四十七岁　丁酉正月十二日戌时

顾随再拜

两日又得作四首小词，但连夕失眠，殊苦头晕，今日下午复须到中大上课，不暇抄奉矣。

十七日午

一九四三年九月二十二日

巽甫吾兄吟席：

前奉书及拙词想已见之矣。日来颇盼大札，但未知此情较之暑前兄盼吾书时浅深为何如耳，其亦五雀六燕、铢两悉称耶？噫！驼庵其真老矣夫，亟思学道，而情爱纠缠，解脱维艰，又所谓望道而未之见者与？昔年尚有豪气，能担荷，吃苦负重所不欲辞，比来衰废之躯殆不可堪，如何，如何！膝下今有六女子子，第四女今年方十二岁，比以心脏与神经衰弱病，废学三星期。其为人驯顺而聪慧，大似驼庵童时。山妻性沉着，甚不以之为然，驼庵证之自身生活经验，则甚以为悲也。巽甫读至此，其笑之与？抑怜之耶？然除巽甫外，吾殆亦无可与语此者矣。

日来秋阴不散，凉气袭人。两校俱已开课，每日挟书上堂，谈文说道，为人为己，两无好处，而衣食所迫，又不能去而之他，此则更复难以为怀者耳。灯下独坐，聊复写此，遗误添注[①]，巽甫可想见吾之精神不安也。嗟嗟，四十许人，尚尔如此，不惑之谓何？惭愧，惭愧。记十年前先君子去世，尔时身心无主，死亦不能，生亦无味，乃开始读《五灯会元》与《传灯录》诸书，自后每夏必细读三五过，至平时之偶尔翻阅尚不在此数。亦常看经，如《法华》《楞严》《金刚》之类。今夏读《楞严》，似较向日所解为多，自叹情多想少，于法无分耳。此事真不得不自勉，巽甫谓何如？草草。即颂

秋祺

驼庵拜手　九月廿二日

破阵子

吾既说辛词竟，一日取《稼轩长短句》读之，觉其《鹧鸪天·徐抚干惠琴不受》一章，自为写照，极饶奇气，遗而未说，真遗珠矣。乃复为小词二章云：

月落青灯无语，日高窗影初移。洄溯精魂千载上，异代萧条一泪垂。吾狂说似谁。　已恨古人不见，后来更复难

① 此信上字多有修改。

期。要识当年辛老子，千丈阴崖百丈溪。庚庚定自奇。

落落真成奇特，悠悠漫说清狂。千丈阴崖凌太古，百尺孤桐荫大荒。偏宜来凤凰。　　应念楚辞山鬼，后来独立苍茫。孤愤一弹双泪堕，不和南风解愠章。先生敢自伤。

一九四三年十月一日

赐批贱造，洋洋大文，想见巽父经心作意，非同泛泛。凡所云云，以前俱已证实不虚，将来自能必验也，谢谢。

大作七古一章殊工稳，私意以为仍未健举耳。又，前所寄《八声甘州》，吾所最爱。“叶开爽翦，波剔明纹”八字，非短视人着目镜后不能见此境界，不能作此语，妙！妙！惟心思过密，雕镂过甚，虽是梦窗家法，不免伤气。季文子三思而后行，夫子曰“再，斯可矣”，此义或与吾意有相类耶。昨又得寄来七律二首，当即和得，录附一看。吾七年以来，重复致力于诗，似有小进益，惟七律仍不能脱剑南习气。童而习之，几成天性矣，可叹！

日前冒雨奔走辅大男女两校授课，遂致中寒，鼻塞头重，四肢作疲，今早始觉稍可，然精力仍未恢复，不克作长函。草草。即祝

巽父吾兄秋健

苦水再拜　十月一日

奉和巽父雨天见怀之作

风高叶乱不堪闻，眼底秋光已十分。早识人生如寄旅，可能天意起斯文。悲欢业识还无据，聚散阎浮定有因。晴窗捧读新诗了，晚阴黯黯结曾云。（书到时天色晴明，已而遂阴）

千秋怅望共心期，剩赋回肠侧艳词。双燕南归有明岁，逝波东去返何时。拟将无法为卿法，更益多师是我师。哀乐中年已难遣，呼灯扶病和新诗。

第一首之“早识”二字可改作“莫道”否？乞代酌。

一九四三年十月三日

长信作日记体，此又开新例矣。厚意尤为感荷。吾于清真、梦窗，二十年前俱曾下过苦工，惟所喜则为珠玉、六一、东坡、稼轩耳。何时能将周吴说之一如说辛说苏乎？力短心长，如何，如何！十年以还，不复为长调，因吾兄之问勉力作“风流子”一章，初意是学清真，写出自看一过，全不相类，三处隔句对，即不似稼轩，亦近梦窗矣，然否？不过此等词伤元气、损神明，与苦水甚不合势。作文写字要于古人中发现自己，旁人只可赞助印可，即无他山之攻仍可自悟自证。此义非数语可了，然吾巽父必能自得之。病腰不能久坐，草上巽父道兄阁下。

顾随拜手　十月三日

风流子
旧恭定二邸[1]见红蕉有作

秋色未萧骚，城闉外、气势比山高。正霞彩渐收，乌乌争噪，水纹徐漾，杨柳垂条。旧苑里、此时花事好，开到美人蕉。朱户琐窗，几重芳意，曲槛瑶砌，一倍红娇。　　东陵知何处，雕梁上、双燕剩垒新巢。应念舞裙歌雨，风转蓬蒿。叹万古苍茫，盲风阑雨，几家凋瘁，黛缎香销。还有数丛花在，休问笙箫。

“琐”拟改“绮”。“曲”拟改“玉”。“风”字复，乞代斟。“还有”改“看取”。“笙箫”改“前朝”。“风转”拟改“霜菸”。“菸”字有平去二声，此用去声读。于律尚可，但句苦乏韵致而已。

木兰花令
什刹海畔薄暮散策口占

晚来风停无尘土。扶杖过桥闲信步。爱他无限好斜阳，绕遍塘边垂柳树。　　山头黯黯阴云聚。天外纤纤新月吐。流波止水两悠然，要与先生商去住。

---

① 恭定二邸：恭王府、定王府，时为辅仁大学女校、男校。

什刹海中皆止水，堤外小溪方是流水也。若树畔桥头拄杖送斜阳者，乃是苦水而已，一笑。

巽父看此小令与《风流子》一首，简直有仙凡之分，岂只上下床之别？苦水恰可于此处安身立命耳。呵呵！

上午作得一书未发，薄暮复得此词，灯下再为巽父写之。

卅二年十月三日　苦水自识

一九四三年十月二十四日

重阳前后所发书及题薛帖七古答和诗并拜读，惟今秋体力甚觉不济，每周十小时课，较之上半年已减少三之一，而课罢仍苦腰脚无力。吾廿年前曾有句曰“身如黄叶不禁秋”，今日更证实之矣，如何可言。《九月十八日怀寄》一首又《秋风长句见寄》一首，皆可诵，（二诗非不思和，亦非不能和，特自惜精力，强制自己不和耳）私意稍乏生辣之致耳——此默师当年评老驼诗语[①]也，今兹移送巽父，得么？大抵巽父为人仁厚有余，苦于狠不上来，老驼亦正如此，然吾于世路上栽过几次跟头，吃过几回苦子，虽未得大离氏所谓之无生法忍，亦颇略略理会得咬牙工夫，故有时作事作文有类乎狠耳，惟吾巽父定知此非欺人之谈也。

比腰疾之外，又苦痔发，更不耐久坐。暇时大抵卧床读

---

① 1937年某日，沈尹默致顾随书中言及：“诗二首出语自然，近于放翁，但略嫌少生辣味耳。兄以为当否？”

书，而所读者，则《论语》《学》《庸》《礼记》，此外则为《楞严经》《大乘起信论》之类，较之向来所解为多，但所入尚浅，又融会贯通上有欠工夫，未便举似巽甫而已。凉秋将去，寒冬继之，衰病之身若不学道更将何之？日来时时思写一文，曰“诗心篇”，大纲已有，恨时间与精力两不足耳。然亦大细事，吾此刻不患不能写，所患写来无足观也。

小女病已愈，日日到校受课，蒙垂问，感荷！感荷！又，“说辛词”两卷已由城西旧雨滕君[①]抄出，据云不久将寄津，巽父倘能见之。草草。即颂

巽甫道兄日祺

顾随拜手

下录三词，皆重阳前后所作。计今秋得词廿余首，大半都写寄矣。

临江仙

过却中秋几日，看看又到重阳。晚来扶杖且彷徨。九城低落日，双鹭起秋塘。　　尘世依然暗澹，梦华取次辉煌。诗心禅定互低昂。欲辞三折臂，从断九回肠。

---

① 滕君：滕茂椿，号莘园、心圆，顾随任教燕京大学时的弟子。师生过从甚密。书中或称作“莘公”、“莘上座”。

鹧鸪天

谁信狂夫老不狂。病来渐欲弃词章。羁身北地非吾土，稽首金天向法王。　　才解夏，又重阳。红蕉烂漫转凄凉。今年都道秋光好，好似春光也断肠。

南歌子

雨洗清秋月，霜蜚旧帝宫。何须高馆落疏桐。九陌生尘无处、不西风。　　病久诗心定，愁多道力穷。人间万事等飘蓬。二十年前我已、是衰翁。

作此书竟，腰痛欲折，衰象可想，音问之简，谅之，谅之！

十月廿四日

重阳前以赫蹄笺写得五纸[①]，因循未发出，兹一并奉上一看。

① 所言“五纸”即前之10月3日书。

一九四四年

□蟹行功夫 □禅宗
□学道与学文

一九四四年一月十日

日日穷忙，不觉忽忽已半年过去。刻辅大已考过期终试验，自明日起可得三礼拜休息矣。许久不曾通信，抱歉之至。但所最觉对不起者，乃是《稼轩词说》早已有人录副，寄往津门，竟未曾通知，此真不得不请求玉言之见谅者也。稿今尚在孟铭武君处，住址为西北城角南阁西街廿三号。孟君去秋来此，苦水曾以玉言平生告之，便可直接往一晤之。至苦水则数月以来，久不为韵语。《孔门诗案》写得十分之六七，以病搁笔，迄今仍未续写。衰老益甚，加之以生活压迫、课务劳碌，精力大是不支。揽镜自窥，颓然一翁，须发皆白，如何，如何！兄况如何？想平善。比来精神仍不佳，不能多写。匆匆。
即颂
玉言道兄春祺

苦水和南　一月十日

附：致孟铭武书

铭武兄如晤：

手书并所作诗三首均接到。日日穷忙，加之以精力不足，久未作复，谅之。前托莘园以近况相告，想曾有信也。周玉言兄前往取拙作《稼轩词说》，持此纸为信。草草，专此。即颂春祺

苦水和南　一月十六日

近一月以来，不曾好好读书作文，《孔门诗案》久未续写，寒假已至，尚不知能否动笔也。只写得“张黑女墓志”两过，唐人千文一过，“魏栖梧善才寺碑”两过，俱是寸楷方格眼子，虽不能说无小小长进，但心手仍苦不克相得。年华已老，精力日疲，应作之事，多是尚在半途，思之怅恨，都无可说。

铭武兄再鉴

驼菴

一九四四年二月二日

去岁入冬以来，便不曾好好写一信与玉言，每一思及，未尝不以为歉。然力不从心，无如何也。寒假开始，又以伤风牵动旧疾，腰背作楚，四肢无力，忽忽半月有余，昨日始觉稍可。今日下午四时许，偃卧床上，忽复睡去，薄暮始醒。饭罢

灯下独坐，乃伸纸为此函，恐仍不能畅所欲言耳。

日前来札云拟译《世说新语》，此真胜业，复何待言。惟私意以为短文之有远韵高致者，莫过于此书，西国文字虽富弹性，亦未必能表而出之耳。至于玉言蟹行功夫[①]如何，苦水素所未悉，于此更不能有所云云也。然天下之事，作是一问题，若其成否，可不必计较；至于传与不传，更难逆睹，玉言此际亦只有作之而已，他可不问也。有感于来书之下问，遂拟披诚告语，然说来亦何类于老生之常谈耶？虽然，玉言亦有罪焉。问道于盲，盲者乱说，不能尽怪盲者之乱说，问者之不察亦有分于此责云尔。

铭武以事来故都，曾至寒斋，具说《词说》稿已取去，想此刻已阅一过矣，有何印象，亟盼示知。日来病中，百感交集，处此叔季之世，生作文字之行，已是大错，然当年行脚城西时，董大师[②]曾言，“昼想思量千条计，来朝还是磨豆腐”，苦水今日亦复如然。颇思利用此假期写出一点东西，惟所欲写者，既非韵文，亦非批评与注疏，乃是小说之类。《孔门诗案》虽已写出十之六七，而冷灶无烟，不思重烧之矣。惟旧业不弹者已十有五年，生疏不为不久，是以迟迟难于下笔耳，如何，如何！拉杂写来，欲言未尽，而头已昏昏欲晕，姑止是。专此。草上

玉言吾兄吟席

苦水和南　二月二日灯下

---

① 蟹行，取其“横行”之义。相对旧时竖行书写之汉字，则可谓横行书写的英文为“蟹行文字”（当年9月4日书中又谓“斜上旁行之文”）。“蟹行功夫”，即言外语水平。

② 董大师：董鲁安。顾随同事、友人。

一九四四年二月三日至十日

今日上午方发一书，下午即得手书并校记一纸，所校十中八九说中。谬误泰半莘上座钞时笔误，其有粗心漏着，则是苦水行文未曾检点与平时工夫不到，责须自负，不能诿之莘公矣。兹附函寄还，其完全无误者，加朱圈为识别；其不尽合鄙意者，则加括弧；间有注语，略抒浅见，并乞复查。比来想又读得几过，文中疵类，不知又发现几许，亦盼示知。

贱恙仍未大好，今日降雪，竟日郁郁。灵均曰："哀吾生之无乐兮，幽独处乎山中。"当年在城西开堂时，说此二语，曾谓独处山中乃是无乐之结果，而非无乐之原因。比来以为如此说去，虽未必即得屈大夫之文心，却颇可以说明苦水之性情：愈是闷极，愈怕见人，亦愈不愿有人来谈天。好在寒斋亦是"门虽设而常关"耳。惟念身心交病，常恐来日无多，平生所思所学，最好赶急写出，为旁人借镜，而衰废如斯，不克命笔，未尝不引以为大痛也。大晏词去秋曾选定，以开学上课，终未作说。冬间着手写《诗案》，十竟六七，以病辍笔，至今未续，蒙询，谨答。草草。此上

巽甫吾兄法席

苦水再拜　二月三日

右一幅是一星期前所写，所以不曾发出者，私意不日上课，恐为职务牵系，不能常通音问，总拟于上课以前，好好再

写几句话，然病迄今未大好，咳嗽发烧，腰腿作疼，既无精力，又乏兴致，以至迟迟至今。再有三日，懒驴又须上套矣，势不能不再书数语致吾巽父也。

月来一无述作，日日读书，大半皆为译文。吾昔在校读书时，蟹行文字本已够穷，十余年来，以职业、以疾病、以懒散，生疏益甚，故所曾阅读之书，偶一开卷，已同隔世；今兹病中，更难自强，聊借译文为屠门前之大嚼耳。巽父年富力强，而又精思强记，是不可以不努力也。窃以谓吾邦韵文，虽时代不同，体制各异，揆其内容，多数陈陈相因，间有一二杰出，真等于凤毛麟角，或几于龟毛兔角矣。佛教东来，作风一变，文字之组织与作品之内含皆与往昔有殊；又千余年而至于今日，接触既多，范围亦广，有心之士，可以深长思矣。吾比所读，多为“说部”，亦有一部腹稿，时时往来胸中，惟酿酝未成熟，精力不充足，未欲率尔操觚而已。鼯鼠五计而穷，若苦水之左手画方，右手画圆，其亦自穷者非与？无由相见一谈，临颖难罄其万一，如何可言！

巽父法兄再鉴

苦水和南二月十日

《东坡词说》稿副本，亦是莘上座所写，日前孟君来故都，不知曾携去沽上否？可作书一问之也。一周来不亲笔砚，今日作此一纸，腕酸手战，不复成字。

又白

一九四四年六月

春夏之交得绝句如干首，彙而录之，统名之曰《杂诗》云尔。

净业湖边送晚晴，会贤堂下暮烟生。驼庵得句无人识，燕市今宵有月明。

丁香飘雪不禁愁，雨打风吹看即休。隐隐杨花无影过，今宵有月莫登楼。

一盏临轩枉断肠，寻花谁是最颠狂。年年抱得凄凉感，独去荒园看海棠。

今年又过海棠时，暮雨朝晴系梦思。一架朱藤深院里，黄蜂喧上最繁枝。

遥山过雨泛空青，池面风回约绿萍。隔岸柳阴还漠漠，着花楸树正冥冥。

感怀触事自悲吟，惆怅难为此际心。紫燕归来春已老，青蝇飞动夏初临。

白塔危阑爱独凭，登临时到最高层。汉家事业无关树，一任悲风起五陵。

一春不为看花忙，风物当前似故乡。漠漠垂杨初作絮，纤纤细麦已成行。

榆荚自飘还自落，杨花飞去又飞回。三千里外音书断，细雨江南正熟梅。

卅三年六月录寄玉言道兄，聊当通讯。

去病

一九四四年七月十五日至十九日

放假忽忽已廿日，前一星期忙于阅看学期考卷，近数日则忙于阅看新生考卷，其间又须时时注意身体，使不至生病，苦水之苦，定自非虚也。昨日无事，始得细阅春初寄来“说辛”校证两纸，随手点定，兹附函奉上，不怪，不怪。尊处所留莘上座抄本，是上座为山僧誊清之本，凡蒙摘误而又经山僧承认者，即烦巽父随时改定，省却苦水再费手也，至嘱！

春初来书曾问读禅宗语录从何入手，迄未作答，兹特举三书。其实有一书即得，亦不必全备也。《传灯录》《五灯会元》《古尊宿语录》，系统分明，《五灯会元》较为佳善；若出语之石破天惊、振聩发聋，当推《古尊宿语录》。读释典，窃意宜首先看《心经》《金刚经》，此后则是《楞严》《法华》，若《维摩诘》《华岩》，则山僧亦有志而未逮者矣。又，初看佛书，时苦望洋，有注者较为易于领略，但亦难得佳注耳。《心经》及《金刚经》，佛学书局丁氏注本尚不至贻误后学，余不欲妄行推荐也。

寄来词二章又和诗九首，均收到，谢谢。昔尹默先生评拙作曰“但少生辣之致”，兹苦水亦拟以此语转送巽父。大约此亦关乎秉赋，人定或可胜天，然难言之矣。《东坡词说》稿仍在津孟家，孟君在此，俟其来时当以尊意告之，会当令其再返津时留话，以待尊□走取。

臂仍作楚，又腰酸不能久坐，此纸所书，未到欲言之半也。此致

巽父道兄

去病和南　七月十五日

旧曾言为《稼轩词说》作序，有兴便可作也。

孟君今日返津，见信可差人往取也。

十九日

一九四四年八月一日

连日暑雨蒸湿，甚不可耐，书且不能读，何文之能作？惟眠食尚佳，足慰远想耳。吾前曾有书附寄稼轩词正谬两纸，想

已见之。孟铭武君来，具说亦有书寄足下差人前往取《东坡词说》也。意者比已到手，刻正在过目耶？吾之“说苏”较之“说辛”为何如？但自觉文字较为细密熨贴，是否？忆吾之初为此业，原本一时兴到之作，然“说苏”既竟，雄心转炽，拟取古来吾所谓佳作者而尽说之，是以继之而有大晏词之选目也。不料一经搁置，便成冷灶，此刻虽欲动笔，而灵感不来，难于赓续矣。才之竭与？力之衰与？或兼是二者耳。顷检点三五年来旧稿，未完者有四：其一，《人间词话》笺疏；其二，《秋坟唱》杂剧（谱《聊斋·连锁》事，八折已成七折）；其三，《孔门诗案》；其四，《无奇的传奇》（新小说）。[①] 除首一种已无意继续外，其余三种心怀中殆无三日不忆念之也。然迄于今夏，其未完如故也。而吾又时时思学道，日前手写得《中庸》一部，意亦欲为之笺说，顾亦竟不曾下手也。迩来生活日艰，食不得肉，出不得车，虽不至捉襟而肘现，纳履而踵决，然亦馑矣。而友朋之见我者，多谓面色敷腴，即吾自检，亦觉腰腿较之去年为有力，此宁得谓非学道之力耶？然吾观古之学道之士，多摈文而弗为，甚至以为玩物丧志，而吾又文人结习，根深蒂固，牢不可拔，则吾之于道宁能必其成？适足以妨吾之学文而已。巽甫其有以语我也？

---

① 信中所言《人间词话》笺疏之未完稿，已佚；《秋坟唱》杂剧上下两卷各四折，1945 年写成后更名《游春记》，作为《苦水作剧二集》单独印行，已收入《文集》和《全集》；《孔门诗案》未完稿已佚；《无奇的传奇》写成后更名为《乡村传奇——晚清时代牛店子的故事》，刊于 1947 年《现代文录》，已收入《全集》。

今日阴雨不甚热，下午睡起，精神似佳，因写此纸。半年来不曾着意写信，此足以补过耶？此致

巽甫兄文席

去病和南　八月一日

一九四四年八月①

昔王静安先生曾有诗曰："江上痴云犹易散，胸中妄念苦难除。"苦水一见此语即爱之而时时诵之，近年学道更深有味乎此语也。吾于老庄，取其自然；于释家，取其自性圆明；于儒家，取其正心诚意：吾意亦只在除此妄念而已。四十岁前任性自恣，我识过盛，意气方刚，名心为祟，以迄于今，仍受此累；又嗜欲陷溺，未能自拔。比来学道，虽自戒勉，仍苦不净。然吾亦尝思之，此譬如荒地一大段，多年不曾垦治，苇茅荆棘弥望皆是，正是当然之事，若不如此，反是可怪也。忽然主人一旦发觉此一大段地不应如此废弃，发心整治，然荒芜已久，开发维艰；而此事又必不能假手他人，只好凭自己一手一足之烈，作得一分是一分，行得一寸是一寸，况乎旧的尚未尽芟，而新的又复萌芽。所以当年孔圣曾说："加我数年，五十

---

① 按：此"驼庵又白"一函为单独一页，究竟写于何时，颇难确定。顾随于信末自署名号"驼庵"，始见于1943年8月16日函，此后方时署此号，故此函置于1943年9月之后大体不错。今见此函有"近年学道"之语，而1944年8月1日函中曾言"时时思学道"、"非学道之力邪"等，尚有些许衔接痕迹，姑暂置于1944年8月1日信后。

（注：“五十”字或谓当作“卒”）以学易，可以无大过矣。”莫当他是谦辞好，朽索驭六马，正是大圣人不自欺不欺人处也。

巽甫能会吾意。今暂止于此，亦不复喋喋也。

驼庵又白

一九四四年九月四日

玉言道兄如晤：

一月以来，不思写信，诸友好处俱无片纸只字。数得手教，不曾作复，亦职是之故。若问其何以如此，则亦并无其他理由，只是文人习气，任性自恣而已。谅之，谅之！不罪，不罪！

阁下旧在西语系读书，早已知之，不知近来仍时时翻阅西书否？吾比精神较好，颇习理旧业，但荒废已久，对书有如隔世。故乡俗谚，“十年秀才如白丁”，信有之也。长大好忘，恐终不能复事斜上旁行之文矣，如何可言。

新秋天气阴沉，心绪仍不好。草草。即颂

日祉

苦水再拜　九月四日

一九四六年

□沈兼士　□沈尹默

一九四六年四月十八日后

城西群峰如列环，风沙日日阻游山。此际登台一平视，乃在香雪海中间。风止嚣静香益远，梨花未落小桃晚。更无微飙纷落英，尚余残雪压层巘。京洛胡尘历星霜，初蒙招约熙青阳。海棠阅世应更久，明霞掩映发花光。醉酒饱德记此日，人间万事真毫发。不辞我躯非柏松，两公眉寿如金石。

利锥一击破连环，导之泉注顿如山。定武兰亭非真迹，已觉身在永和间。右军风韵既不远，后生千载亦不晚。欲往从之恨末由，隔绝层波复绝巘。百尺古松耐风霜，石田小筑江之阳。南极一星长在眼，辉辉万丈吐清光。忆昔杖履追随日，剖示精义析毛发。由来说法有生公，点头我乃逊顽石。

卅五年四月十七日，兼丈邀看花东昌胡同寓中，并以默师所书山谷《次韵子瞻题郭熙画秋山》诗摄影片见赐。字画精好，追寻益远，又玩佳花，饮美酒，八九年来殆未尝有此意趣。归来翌日，亦次苏黄韵为二诗，既以谢兼丈，且将寄呈默师也。

一九四七年

□冯至 □“二知堂”
□作文当云何取题 □《揣籥录》
□悼沈兼士 □文人与学者

一九四七年二月八日

卅六年开岁五日得诗四章分别写寄各地师友

夜鹊南飞尚绕枝，人天心意两难期。高原出水始何日，深谷为陵非一时。故国旌旗长袅袅，小园岁月亦迟迟。杜陵不自伤摇落，却道深知宋玉悲。

变风变雅到离骚，方信虫寒澈夜号。世事从来付渠辈，天心可是属吾曹。三更谯鼓星河转，十月严霜鸿雁高。捧土塞川心好在，九牛争欠一毫毛。

山鸡毛羽即文章，丹凤云霄岂敢望。五十行年成客旅，一心留命待沧桑。骚人避世甘独醒，志士畏天成自强。竟里头颅已如许，更晞白发向青阳。

二十年来老旧京，岁朝莫漫起心兵。重阳吹帽识风力，五月披裘非世情。云路从输远征雁，星光自照暗飞萤。平生师友多磊落，未为道孤哀此生。

此纸本自留稿，此刻艰于重抄，即以奉上。诗似小进，字亦可看，纸太劣耳，玉言兄勿见怪也。

朽雕堂苦水　二月八日

自和前韵（五十一生日后作）

枉教越鸟恋南枝，常恨佳期是后期。渡海燕鸿迷故道，填河乌鹊异当时。已知呵壁天听远，见说挥戈日驭迟。真个江南消息断，摘来红豆不胜悲。

痛饮何须更读骚，晨鸡啼罢夜乌号。共推灵运擅佳句，若比渊明成下曹。世谛闹中还寂寞，尘寰无处不清高。几人未肯低着眼，但向云霄寻羽毛。

废尽诗篇与断章，去来今际一相望。但教精卫能填海，何必高原好种桑。佩紫怀黄罢西笑，履冰蹈刃异南强。六出岐山一名士，昔年原自卧南阳。

争骑鸾凤下瑶京，谁挽银河洗甲兵。泽畔行吟徒自苦，途穷垂涕更多情。闲云镇日难成雨，腐草何时欲化萤。事业文辞俱不就，萧骚白发一书生。

来书诵悉。不佞年来又苦臂腕酸痛，愈视写字为畏途；又目力昏眊，作如此小字只是随手画去，如在雾中也。拙稿在尊处者，仍以交茂椿设法寄平为盼，后方北来旧雨颇有欲一看者。

玉言道兄史席

朽雕堂苦水　二月八日

前作见者不多，亦未有和作者，玉言可告奋勇当开路先行官也。呵呵。

苦水

诗八章俱烦代钞寄莘上座一看，省不佞一番臂疼也。不罪，不罪！

一九四七年三月十五日至十九日

连日春阴，牵动旧疾，至不可耐。今日午眠又未成，乃更无聊赖，遂作此书。假使意兴佳、精力足，当去读书作文或不写信与玉言耳。玉言曾说不佞触处有郁勃之气，须知不佞所有工夫皆是在百无聊赖时用得，争怪得其郁勃耶？

《小说家之鲁迅》一文既蒙令兄抄出，原稿当得奉赠，惟抄稿亟望早早见寄，因有人索文，急切写不出，即拟以此塞责也。（抄稿不知清晰否）

令兄所作诗甚工稳，斗胆更易数字，祈转告，勿罪。字亦大佳，较之玉言为有福。自信此语颇有老眼不花之致。玉言以为然乎？否乎？

大作“论曹雪芹”一文[①]登出之后，胡适之极推许，曾有一短札致兄，亦载《民国日报》图书版，不识曾见之未也？

复活节日辅大可有七日假，到时如天气体力俱允许，当往燕大一游。Bus总站仍在东城青年会耶？出城上午何时有车？希告知。此上

玉言兄史席

顾随再拜　三月半

日前作得一信，忘记发出。杂剧已写竟未？日来体中小不适，复活节日恐十之九不能出城。且辅仁虽放假，而中法[②]与师大[③]星期三五各有课，亦殊碍事耳。

随　三月十九日

一九四七年四月二十二日

玉言吾兄史席：

手教敬悉一是，所嘱自当随时留意，惟不佞交游不广，于

---

① 据周汝昌先生之女周伦玲编写的《周汝昌学术年表》（附录于《红学泰斗周汝昌传》一书），当系1947年底发表于《民国日报·图书副刊》之《曹雪芹生卒年之新推定》。

② 中法：私立中法大学。

③ 师大：北京师范大学。

君度[1]兄事恐终不免有力不从心之叹耳。如何，如何！当今之世，吾辈书生只合抱残编、老牖下、伴蠹鱼，枯死而已，勿论飞黄腾达，即饱食暖衣已属分外。古圣先贤动言“知命”，岂无因而致然哉！写至此处忽然想到，即著述成一家之言，及身享名，已殁不朽，亦属不可必之事也，不审玉言以为尔不？前所云君度有福，私意其遇事当多如意而已，岂庸碌之谓乎？不过此遇事如意亦只是想当然，又孰知其有大谬不然者耶！

赠诗一章愧不敢当，“乘桴浮海”[2]，早有此心，所惜未能然。孔圣于此尚且只一句空话，况苦水之无才无学也？言之慨然。

春来为家事所累，时时失眠，一月以还，精力甚是不济，无由面罄，但有叹息。草复。即颂

著祺

驼庵苦水合十　四月廿二日

一九四七年九月十八日

稼轩词云“秋怀澈底清”，又云“试问清溪底事未能平”，诗中首联用其意。

难得秋怀澈底清，心如溪水未能平。生涯镬落嗟牛后，

① 君度：周汝昌四兄祜昌，号君度。

② 语出《论语·公冶长》。子曰：“道不行，乘桴浮于海……”

花事阑珊到马缨。白鸟飞来仍自去，斜阳有限更多情。黄门家训纵平淡，凄绝一篇观我生。

前二行是注，铭武误抄作题。原题作“溪边观水涨”五字，比思不如直用“难得”两字较为简捷。玉言以为何如？“凄”或当作“悽”耶？

九月十八日　苦水又白

一九四七年十月二日

玉言兄如晤：

两次手书均收到。日来除上课外，又有文字债须偿还，遂迟未作复，谅之。小斋借宿事无问题，至时即希命驾前来，并可借此机会夜谈也。今日课罢甚疲，作书亦草草。即颂

秋祺

顾随再拜　十月二日

《胜利集》[①] 可携来一看。

又白

① 周汝昌诗词作品手稿集。

一九四七年十月十日（一）

倦驼庵苦水为周子玉言书（卅六年深秋）：

> 入秋以来积阴不散，霖雨间作，一日下午往访君培、可崑夫妇[①]于其沙滩寓所，共进晚餐，纵谈入夜，冒雨而归。年来数数晤对，留饭亦不可胜计，此次感念实多，不能去怀，自亦弗解其何心。五日后小窗坐雨，得短句四首，即写寄两君，意固非徒识一时之鸿爪而已，谅两君亦有同感。

默师曾有句，一饭见交情。多感贤梁孟，推心旧友生。涂长叹才短，语罢觉灯明。不忍相辞去，凉宵已二更。（“寻常一饭见交情”，沈尹默先生诗也。）

出巷行人少，衷怀念未停。新吾非故我，四鬓尚双青（此语指两君，与谚所云“四鬓刀裁”者有别）。云压怪天矮，雨疏闻地腥。觅车姑缓缓，张盖自亭亭。

微雨难教住，归来倍有神。山妻知我意，弱女问何因。

---

① 冯至，字君培，顾随挚友。姚可崑，冯至夫人。

共说容颜好，还夸气象新。撚髭成一笑，重见谪仙人。

解衣难入睡，思虑更纷纭。巨海千曾浪，青霄万缕云。人终怜故国，天岂丧斯文。失喜高飞雁，罡风未断群。

右诗四章，可以写以古风，亦可以写以排律，惟古风恐失之奔放，不能如此含蓄，排律又恐失之拘束，不能如此舒徐耳。其实腹稿所得句，首混庚青，继混真文，分韵写出乃成四首，然亦正可仿“三百篇”例，若曰“诗四章，章八句”也。

次日又记

溪水涨

难得秋怀澈底清，心如溪水未能平。生涯镬落同牛后，花事阑珊到马缨。白鸟飞来仍自去，斜阳有限更多情。黄门家训纵平淡，凄绝一篇观我生。（颜之推《观我生赋》：“予一生而三化，经荼苦而蓼辛。”自注：“至是而三为亡国之人。”）

睡起一首

三杯成薄醉，睡起见微阳。抱此无穷恨，吟成急就章。积阴天易晚，残烛夜偏长。嗟尔高飞雁，逆风未断行。（“高飞”与“逆风”当颠倒用之）

数日积阴，比始快晴，而凉风天末，又逼秋深。今日虽为假日而无客来，小庵独坐，因写近作五七言律诗自遣。吾诗自今春以来，自谓颇有小进益，而作字则依然故步，当是工夫欠缺之故；况骨相单寒，今兹天气虽方近重阳，指腕已苦僵直，运转不能自如，如何，如何！

卅六年十月十日　苦水自记

录稿既毕，续得长句，即附于后：

十月十日有作

白杨声急报秋深，何处荒村有杵砧。不惜城头余落日，剩怜天际结曾云。半生学道仍痴汉，十年食荼怀苦心。北雁霜前犹未到，江头风雨起龙吟。

一九四七年十月十日（二）

月之七日所发手书，九日方接到。八日午后确相候，适拙作杂剧《游春记》已由辅大校友印就，因取一册，随手题曰“卅六年十月八日玉言来倦驼庵①下榻，适此剧本出版，因持赠一册。苦水手识”，而不虞兄之竟不至也。不过留此作一纪念亦得。今日双十节，文旌仍未见东指，其返津之行乃作罢耶？比来又作得近体诗六章，此刻已入夜，不复能抄奉，何时

① 倦驼庵，顾随南官坊口廿号寓所书斋名。

见过，当出以相示，或并底亦奉赠也。今年自元旦起，作得近体不少，稿刻尚在兄处，拟烦大笔通钞一过，（和陶诗已发表过，不须抄矣。）倘能代寄天津罗斯福路民国日报社副刊部刘峄莘君，则尤所感荷。以备付印故，钞时字迹请勿太草，然亦正不须作真楷耳。

兄上次来信自谦谓“啰嗦”，试看不佞此信，其絮叨殆如老太婆矣。不笑，不笑！灯下草草，殊未能尽意。此上

玉言吾兄史席

顾随再拜　十、十

拙稿钞时并祈代署“二知堂近体诗稿　顾随”字样，以便排印。罗嗦，罗嗦！

尚有余白，抄诗一章：

三杯成薄醉，睡起见微阳。抱得无穷恨，吟成急就章。积阴天易晚，残烛夜偏长。嗟尔逆风雁，高飞未断行。

右《睡起》一首呈政

苦水　双十日

一九四七年十月十五日（一）

玉言道兄英鉴：

秋风转寒，至不可耐，日来虽较为晴暖，而时时有俗事牵帅，心情仍不能平和，使人终日怏怏，如何，如何！双十节日所作书至今尚未寄奉，职是之故，谅之，谅之！郑因百就任沪暨南大学副教授，上周启程赴津，海道南下。方今是处才难，如玉言者真不可不有以自处也。此颂

吟祺

苦水拜手　十月十五日

长句近体二首，另纸写奉。

一九四七年十月十五日（二）

长句戏为俳体（双十节后一日作）

庭前风树已骚然，况是黄杨厄闰年。拙作寒衣俱未得，山妻老我两无眠。破书支架眼终饱，弱女非男心自宽。隔室剧怜闻笑语，今朝结队上西山。（小女三人是日随学校旅行至香山）

玉言兄吟政

苦水写奉

水边有青杨数株，偶散步其下，觉心绪如潮也

青杨声急报秋深，何处荒村有杵砧。不惜城头余落日，可堪天际结曾阴。半生学道成笑柄，十载食荼怀苦心。白雁霜前犹未至，江头日夜起龙吟。

足下本拟双十节返里，竟以课忙不克成行，不佞亦不悉足下之课忙至如何程度，能复抽暇为小文向各报投稿不？如能亦复大佳，既可以资练习，又可以与人多结文字缘，若戋戋稿费抑又其所不论也。

孟铭武君又来平，惜兄独有一城之隔耳。

又白

一九四七年十月二十三日

天气转寒，倦驼庵中阴寒如水，又时时须早起赶第一小时课，两臂遂复作酸楚，且一周以来，几于日日有客来访，更觉身心少暇。两得手教，未能即复，职是之故，不罪，不罪。元月所作七律中多复字，当时录稿时即已发觉，改之不得，遂亦仍之。所示各条，只“古市衣冠异昔时”[1] 末三字蒙改作“又

---

① 1947年2月8日书中，顾随曾有《卅六年开岁五日得诗四章分别写寄各地师友》及《自和前韵》之作，此外，尚有《三叠前韵》（见《顾随全集》），其一为：“不恨栖鸦已满枝，翻飞独鹤有前期。半生篇什经三变，古市衣冠异昔时。可惜渊明归去早，剧怜弥勒下生迟。世尊真具人天眼，欲转大慈成大悲。”

一时”，即拟从命，其他此刻心绪不定，尚不能推敲，如何，如何！或将拙作暂留尊斋，俟稍暇再改定亦得也。来示又曾云，明春体气如稍佳，能否到城西行脚，思之黯然，不佞体气复能佳耶？此上

禹言吾兄史席

顾随拜　月廿三日

一九四七年十月三十一日

自发上一书后，身心即觉不适，截至今日，伤风之势已成，宿疾如心跳骨疼诸证，俱已发作。耳目本不聪明，比来视听更复不灵，加以鼻不能闻香，舌不能知味，六根中只余身、意两根作祟，尚未划除耳。禹言读至此处，当为不佞发一笑也，呵呵！

手书问作文当云何取题，私意吾辈为文，虽不必走明末小品路子，却亦不妨借镜。不佞之意乃在即兴。譬如日来什刹海畔时时有制服阶级砍伐老树，其已被风吹倒者，固应伐去，即其心空枝萎而未倒，似亦宜芟除，以免行人之危险。然老者已伐而新者未种，又使人不免有荒凉寂寞之感。只此一感，便可写得一篇小文矣。禹言住在郊外，秋来所感必然更多，信手挥洒，取之不尽，用之不竭，何须更向穷邻乞醯耶？又其次则为读书劄记，批评亦好，考据亦好，感想亦好，但能独出手眼不落恒蹊，自能使读者悦目而赏心也。至于写得后，不佞当相其体制代谋发表，正不愁荆山之玉无人

赏识。草草。即上

禹言吾兄史席

苦水和南　十月卅一日

拙作小文一篇附上备考，或已曾见之矣。阅后仍希赐还，以便保存。

又白

一九四七年十一月初

比为《世间解》[①] 月刊写《揣籥录》，虽入道不深，而文字益峭丽可喜，不审俱已见之否？惟兼旬伤风，宿疾全作，写此信未竟，已觉腰背欲折，除叹奈何外，更无法可想也。玉言尚望吾能到城西行脚耶？

今日得见默师《哭弟》七律二章，亦以疲故，不能抄奉，且俟下函。小庵已开炉，恨不与知心者煮茗清谈耳。

苦水　同日[②]

---

① 《世间解》：1947 年至 1948 年，由张中行主编的佛学月刊。顾随曾应邀为之撰写谈禅系列文章共 12 篇，其中 11 篇连续刊载，《末后句》一篇时因杂志停刊而未能登出。全稿已收入《文集》和《全集》。

② 此信缺前页，综观前后所及“伤风”情势及《哭弟》诗，当写于 11 月初。

一九四七年十一月八日

玉言兄鉴：

不佞伤风虽已渐可，而咳嗽不已，上课时颇以为苦也。九月廿日（旧历）手书递到，敬悉种切。相服之意、相知之心，殊使不佞感念惭惶未能已已。至所云“郁勃回荡之气”，吾自视亦然，且年深一年，日甚一日，惟玉言而能见到此点者，殊不多得。至其何以如此，则吾亦不自知其得之于先天而自然流露耶！字法、句法、章法云云，原自不无，然为学之学，日进而弗已，乌能停滞于是？夫不学求会，世之为学者多知之；若夫会了便舍，会了便忘，则知之者鲜矣。不舍不忘云胡能复有新境界也？

又手书云所学西文学，格格甚遥。“教者言之质且浅”，此种现象在今日之最高学府，正所不免，要看学人自家之努力如何耳。刻北大西语系有一教授钱公，未曾出国，亦未曾大学毕业，完全由自修而有成，玉言闻之必奋然兴起，不再怨恨于“教者言之质且浅”也。

小文已着手否？一言相告，写时用文言、语体都无不可，但暂时可不必用苦水夹七夹八辞话式之语录体，何如？连日为《世间解》月刊写语录谈禅，颇疲，而有感于来书之恳挚，乃写此一页纸，然写罢自看，未尽十一。耳鸣腰软，姑止是。即颂

冬祺

倦驼庵苦水白　十一月八日

一九四七年十一月九日

九月廿日作一首，通首俱工稳，惟结句嫌弱，或是太落实之过，如以譬喻象征出之，当较佳耶！仍希自酌。吾病已半月余，又写语录，遂不复能为诗。间有断句，以未足成，亦随得随忘。衰疾相寻，又学不专一，如何能有成就？思之气短，而玉言顾乃步趋之，亦可谓不善于择师矣。师苦水何如师古人耶！昨日遂已立冬，天气尚无显著之变化，惟今午又起风，恐结冰即在数日间，郊外寒气想更深。诸维努力珍重，但能多读西文古籍，不作文亦得也。

苦水又白　同日上午[①]

一九四七年十一月十五日

日前曾奉上一书，想已见之矣。立冬后天气益寒，病夫难堪也，如何，如何！

玉言曾致两问，苦水至今未答。其一是《游春记》下卷末折之估价，其一则是小说中之大义儿[②]。玉言可人，但亦未免

① 此信与前书均及周汝昌“九月廿日”书作，当系相承。又信中说“昨日立冬”，1947年立冬乃11月8日，故此信必作于次日。然只此“又白”一纸而不见前页。

② “大义儿”是中篇小说《乡村传奇——晚清时代牛店子的故事》剧中人物。

可恶，何以向不佞致此二问？苦水于此亦有报复之法，即是禅宗大师之八个大字：“生也不道，死也不道。”管教玉言而今而后如不能自家解决，便直向此两问下疑杀去。

刻有一事拟烦玉言臂助，即希首肯。不佞读语录，常见大师举诗为禅下注脚，如“薰风自南来，殿阁生微凉”及“一把柳丝收不住，和烟搭在玉阑干”之类。苦水读书有限，记性平常，多不悉原句是谁氏之作，玉言肯为我找出其娘家来么？如肯，再商量第二步办法。明知玉言课忙，未便以此相烦，但左思右想，除玉言外，更无第二人可帮苦水此忙。才难不其然乎？莘上座、孟大师皆不能入苦水此选。奈何，奈何！诗稿一折是上月为玉言所写，兹附上。字尚可看，惜太俊耳。此上

玉言道兄史席

苦水再拜　十五日灯下

上曰“道”，下曰“史”，苦水老眊，希见恕也，呵呵。

又白

拙作仍希代抄寄津《民国日报》社。加标点为荷。

一九四七年十一月十六日①

昨夕睡眠不佳，早起便觉耳鸣头眩，小庵独坐，甚无聊赖，遂将默师《哭弟》诗抄录一过，附函寄上一看。

暑中闻兼士之丧泫然赋此

弟旧历六月十一日生辰，越五日宴客于家，宴中疾作，即溘然长逝矣，伤哉！

炎天旦夕几风雷，过雨轩窗闭复开。酒畔偶然传快语，人间是处有沉哀。荷塘香散花随水，荆树枝摧叶复苔。白日看云眠未得，虚期北使望中来。

再哭弟

一朝散手若为情，六十年来好弟兄。更使后生思老辈，欲缘清德著新名。他年识字才馀种，此日为邦苦用兵。老渡无多不供酒，木然翘首立秋晴。

满侄将北归，出册索书，即书二诗付之，情怀作恶，如

---

① 11月初信中曾言沈尹默有《哭弟》诗，以“疲”未能抄奉。此即抄录诗。信中言“附函寄上”，言“又白”，当为与11月15日之信同时寄周者。

何，如何！丁亥秋末　尹默

满者，兼士之女公子也，秋间曾赴沪上省默老，二诗即尔时所写，原册不便借出，兹只录其文，非临其字体。

苦水又白　十六日

一九四七年十二月二日

半月以来，天气便呈穷冬之象。不佞眠食尚好，只有腰腿甚是不济，时觉疲惫酸软，而庵中人来客去，反不如暑假时之安闲。上周又写一篇小文，纪念兼士三丈之安葬，于是耳鸣心跳头晕诸症俱发。（此文已为友人留下，预备发表在《大公报·星期文艺》上矣。）大作两篇，其第二篇已交与赵万里先生。今早晤及赵公，具说已寄出，将在天津《民国日报·图书周刊》内披露，希注意；其第一篇俟（只一“俟”字便不知更延宕到几何时也）依嘱改定后即介绍于津《益世报·人文周刊》，不愁无地发表也。只以不佞事事不能上紧，遂未免积压耳。

前所商禅家引诗之第二步办法为：于语录中摘录出十来条，先由玉言找出所引诗之娘家来，再由苦水照旧作《词说》办法，加以说明讲解。不过兄日来课事必更忙，而不佞日来兴趣亦不太浓厚，且徐图之。至来示所言，不佞作字褚法多于欧法，且引以为恨，恐此恨将绵绵无绝期也，呵呵！玉言是不佞畏友，每致一疑，辄使苦水难于作答，亦且待来

日再详。此致

玉言吾兄史席

驼庵苦水合十　十二月二日

一九四七年十二月二日后

苦水之喜欧书且极力临摹，已早在十年前。民卅以后，以体衰益甚，精力不足，乃多用登善法矣。不佞心高于天，眼高于顶，而才短于袜线，命薄于秋云，凡有所学，结果皆然，固不独此学书一端而已。告之玉言，当代为扼腕也。玉言学英文，而国文根基极好，苦水虽无法可传与玉言，要玉言是自家屋里人。惟大作两篇，虽字字不苟，而终非不佞所期于玉言。不审比读西书成绩如何，私意以为如 E・Gosse 之文学批评诸作，最能益人神智，熟读之必多有感发。盖不佞欲玉言将来成为文人，而不必成为学者耳，想足下当了我意也。

比天短夜长，不佞每日有两小时课，归来吸烟喝茶，略一休息即是饭时，饭后小睡一二小时，起来烟茶之余便已黑天，若再有客来小坐，即不能作事，晚饭后只可准备睡觉，稍一用心，上床后即须失眠，则不佞精神之缺乏，殆亦不下于物质之窘迫，如何，如何！今年任课极少，本意可以多有述作，然仍达不到预定目的，思之辄黯然。

苦水又白　同日①

---

① 此信缺前页。1947 年 11 月 15 日及 12 月 2 日两书连续言及临欧书与两首诗之出处，此“又白”及“三白”续言之，可知此信乃作于 1947 年 12 月 2 日后。

徐仲雅《宫词》云："内人晓起怯春寒，轻揭珠帘看牡丹。一把柳丝收不住，和风搭在玉栏杆。"而黄太史作《黄龙心禅师烧香颂》云："海风吹落楞伽山，四海禅徒著眼看。"其后二句乃是袭徐仲雅《宫词》，岂太史作颂？（按：此句下有脱文）

右一则见宋袁文《瓮牖闲评》卷五，武英殿聚珍本。

又《五灯会元》卷十七"山谷居士"条下所载较详，惟"和风"已改作"和烟"矣。吾初不知此二句之出处，得大函后忽于《瓮牖闲评》见是徐仲雅之诗。仲雅又何许人？兄其知之耶？真是歧路之中又有歧焉也已。至"人皆"二句乃是唐文宗作，后二语则柳诚悬续，似乎《全唐诗》及《唐诗纪事》中即有之，记不甚确了也。[①] 不佞前函举此二则，作例而已，并非即有意烦兄代查，故其一为未知，其一为已知，盖只是随手写来不曾检点耳。写此后五页时已上灯，此刻家人来告晚饭已中，只好暂搁笔。

苦水三白　同日夕

① 所言乃文宗与柳公权（诚悬）夏日联句。文宗曰："人皆苦炎热，我爱夏日长。"公权曰："熏风自南来，殿阁生微凉。"

一九四八年

□邓广铭

□后海景物胜于前海

一九四八年二月十四日

玉言吾兄如晤：

节后人来客去，不得如法修养，正鲁迅翁所谓一败涂地者矣。节前得手书，敬悉种切。其时正为津《民国日报》及此间《世间解》月刊赶写两篇文字，遂无暇作复以迄于今。若夫今日何日？则旧所谓“破五”日也。阴云覆檐，微雨杂霰，虽天气之非佳，亦闲宾之不至，又心绪棼如，不能执笔为文，乃作此书致候。顾精力不充，臂腰作楚，不能畅所欲言，如何，如何！

大作《胜利集》只于中法大学考试堂上阅得一过，至今尚未复看，记得尔时所得印象为细密熨贴则有余，而亢爽超脱则不足。如生活环境不能改变或不能致力于蟹行文字，恐暂时难得有新境象出现也。又如往来酬答之作，最为伤性灵、毁创作，即不能无作，亦以损之又损为宜。午饭罢须

睡，暂止笔。敬颂
春祺　并祝
潭第清吉

苦水和南　二月十四日

信封非今日所写，以字迹考之，当知其年代也。

一九四八年春

不识一章

不识波罗蜜，终非出世雄。生涯何草草，春事未匆匆。青荅出浅水，绿杨牵晚风。萧然对影立，长愧信天翁。

口占绝句二章

莫避春阴上马迟，新来爱诵稼轩词。可堪细雨斜风里，正是黄深绿浅时。（什刹海边柳，比来甚有意态。）

千叶桃花卸靓妆，丁香如雪出高墙。今春可是腰脚软，未去故园看海棠。（旧恭邸海棠百年物也）

踏莎行

平中春来多风，而今岁独时时阴雨，戏赋。

走石飞沙，扬尘簸土。红英飘落纷无数。年年此际盼春来，匆匆来了匆匆去。　　夜半才停，天明不住。今春毕竟缘何故。更无梅子要他黄，天公下甚黄梅雨。

今春所作韵语只此四章，写寄玉言粲正。然私意亦只是五律一首略可看耳。

驼庵

仍烦钞寄《民国日报》刘公为荷。

一九四八年五月十三日

玉言以六绝句见寄，辞多溢，愧不欲当。聊复和之，趁韵而已，未足以言诗也。

早识人生是旅程，层波瀚海记曾经。法身平等无高下，何处重分大小乘。

交游谈谎已嫌频，量酒分茶更浅斟。人我悲欢归一例，未怜尘世太纷纷。

漏痕剑器已望洋，遗迹空闻翰墨香。老去腕中常有鬼，未能近晋漫超唐。

红酒无多剩一巡，凭轩那用送残春。五阴四大如非我，般若菩提总不亲。

著书惭愧说藏山，弱女非男岂尠欢。阶下何年生玉树，风前且自种芝兰。

百计何如且读书，大城恰称野人居。一从实相窥无始，不自虚空企太初。

诗方和罢又得寄来五律四章，读之觉其直捷痛快，为玉言诸作中所仅见。不佞比来上课过多，腰臂又作楚，急切不能奉和，谅之。此致
玉言道兄

苦水合十　五月十三日

一九四八年六月七日

玉言道兄如晤：

书悉。不佞自四月以来即牵于俗务，不复能有所述作，言之只增慨叹，如何，如何！数日前偶夜出被雨，腰痛不良于行者三五日，今虽渐可，仍不奈疲劳。陶公有语，“人生实难”，

有味乎其言之哉！

邓广铭字恭三，山东人，北大史学系毕业，刻任北大教授兼校长室秘书，与因公亦相识。至其偶致不满于郑，谱则文人好胜与夫相轻之积习耳，不足取，亦不必遂以为病也。

令君度兄便面尚未写得，须略闲乃能着笔。拙作五古短期内恐亦不能写，勿讶，勿讶。辅大廿四日考竣，并闻。此颂
夏祺

顾随拜手　六月七日阴雨中

默老之字下笔镇纸，此固由于得天独厚，亦其数十年工力所积，非可以等闲企及也。苦水之字所用诸法或多于默师，顾以天赋薄、工力浅，他不必说，即此“镇纸”两字，已有颜渊之学圣人，瞠乎其后之感矣。退之之言曰：“是有命焉，不可以幸而致也。”玉言知我者，必能知此意，幸勿以语人，即语人，人亦不能解。

卅七年六月七日雨中　倦驼庵

不佞作字意境益高，所苦工夫尚浅与精力不足，其实二者亦只是一事。若病退身闲，苦水之字决非唐贤所能限。天实为之，谓之何哉！

苦水三白　六月七日

一九四八年七月三十一日

入伏以来，时时阴雨，又自月之十三日起为辅仁评阅各地新生国文考卷者，几及半月，至悒快。又长次两小女分别至自津沪，外孙男女数辈，或在学步，或在提携，皆茁壮可喜，亦未免搅扰。屋少人多，势之所必至也。字已不复能写，然不意竟作得《不登堂看书札记》两篇，字数愈万，则倦驼之尚未十分倦可知矣。稿付吴少若[①]，载北平《华北日报》文学版。第一篇今日可登出，恐兄家居未必即能见之耳。（少若顷代编《民园》，渠寓天津十区马场道老武官胡同十二号，有稿请直寄。）又，两篇命题一为《看〈小五义〉》，一为《看〈说岳全传〉》，似近于儿戏，顾其内容亦颇不空泛，若其纵横九万里、上下五千年，则固不佞之老作风，想不至为高人齿冷。

手教今日奉到，甚慰。尊大人嘱件当赶速写得由邮寄上，勿念。辅大当局上月拟令不佞作国文系主任，经力辞后已不复再提，想不至于跳火坑矣。今日又阴雨，甚闷损，拟写“猪八戒论”，尚未知能下笔不？专此。敬颂

玉言吾兄吟祺

苦水再拜　卅一日

《民园》稿荒，兄能为写稿所至盼，已函少若介绍矣。

---

① 少若：吴小如字少若，顾随弟子。

一九四八年八月十三日

玉言吾兄如晤：

八月三日手书日前奉到，奖誉过当，未免惭愧。不佞年来精力不继，每有所作，决非长江大河，然确是泥沙俱下。至于友好书札往来，更是随手写去。兄所云“小札短文不肯率尔一字泛下”者，真阿其所好之言而已。大小女已与其稚子辈返津，小斋稍觉清静。今日坐雨，因忽忆及嘱件，遂复写之。真书以笔不中使，写得甚不称意，希代向尊翁前致歉意。君度之笺，行草间有一两笔得唐贤意态，兄必不以为妄言也。然写至一半，乃复想起夏间兄曾嘱写不佞之和诗，已来不及挽救矣。此又须向君度致歉者也。近作《猪八戒论》上下篇已寄与《民国日报》，希留意。暑假不觉忽忽已过去三之二，如何，如何！草上。即颂

吟祺　并候

潭第清吉

倦驼庵苦水合十　十三日

不佞若作系主任，真宋人笔记所谓“猢狲入布袋”[①] 者也。日来得爱我诸友好皆劝以莫作，衷心欢喜，不徒感荷，必

---

① 欧阳修《归田录》卷二记载：“（梅圣俞）初受敕修《唐书》，语其妻刁氏曰：‘吾之修书，可谓猢狲入布袋矣。’刁氏对曰：‘君于仕宦，亦何异鲇鱼上竹竿耶！’”

如是始可称知交耳。

刘公峄莘返津，吴少若已交代《民园》笔政矣。

又及

一九四八年十一月二十三日

玉言吾兄史席：

昨日下午自中法下课归来，得见赐书，甚慰下怀。上月卅日移居新寓[①]，前后四十余日不得安心读书作文。南官坊口寓所一住七载，老屋古槐，自多眷恋；即水畔一草一木，亦成素识。自来此间，诸多不惯，又距街太近，货声车声，人语犬吠，坐卧皆来相扰；况屋宇逼仄，周检无地，殊少佳趣，此意惟吾玉言知之也。

大作和陶诗四言诗四章，不佞最爱其第三章，如“凋波故茂，蕴是新情”，如“荒鸡在远，大明东生”，皆情景兼融、句意两得，若其既有新义，复合前修，正使苦水为之，亦不能如此自然。第四章亦佳，惟末句“我琴如何”稍弱，何不直用毛诗“伤如之何”耶？

秋后任课三校，衰废之躯，实所难堪。入冬以来，腰腿不健，一如往昔，世变日亟，听之而已。今日阴雨，师大有课，决意逃席。上午独坐无俚，聊写此两页纸，以当面谈，然不能详也。《世间解》第十期已出版，（兄未收到或系邮误）第十一

① 新寓：辅仁大学校产李广桥西街（今柳荫街）八号。

期闻亦不日杀青，但第十二期便当是终刊矣，附闻。草草。即颂

吟祺

苦水和南　十一月廿三日午

比来精力惫瞅，每午睡，家人辄不忍惊觉。日前枉驾，失迎为歉，不罪，不罪。

又及

后海景物胜于前海，早有定评。日前薄暮，出立海岸，北望烟波夕霭中，见北岸灯火数点，有如江南渔村，北地甚少见，况复在大城中耶？前海更多尘嚣，立水边辄见电车在柳阴中驶过，后海则无是也。惟恐深冬朔风过劲，病躯所不能堪耳。至居室虽狭小，然每逢晴和，阳光满室，窗明几净，亦至可喜。况系校产，可以不忧催租，在不善治生如不佞者，更省却不少之扰攘，为计亦得。至于习惯，则日久自能养成，玉言幸勿代杞人忧天，一笑。

苦水又白　同日

一九四八年十二月二十五日

上午得手翰，悉正坐困愁城，苦水亦只有代为扼腕，不复能借箸筹策，如何，如何？炮响之后，燕大员生来城内者不知凡几，兄曾与之取得联系否？私意如有组织，可尽量联络，似

较单独活动为得也；倘无，则只好另作计较。至兄所云谋得职业云云，不佞素来即寡交游，兄所谂知；当此之际，更觉难于为力。蜗庐数间小屋，且有舍亲借住，无隙可容芳躅；同院魏先生所住之房，尚有门房一间，日前亦被一兵士夫妇占居，今晨以受煤气，双双毕命，刻尚陈尸南屋檐下，入殓抬埋尚不知何时，使人欲哭欲笑且又哭笑不得也。一叹！

廿二日午得手书，下午即作复，写得前三行后即有兵士前来看房作饭，借东借西，此往彼来，应接不暇。辅大又正值考试，其中法、师大两校仍继续上课，亦不能不敷衍。夜间无电，比目力益不济，油灯下作字维艰。迟至昨日，考试完竣，今日辅大放假，他校亦无课。雪后天阴，臂痛欲折，草草写得此纸，不罪，不罪！此后只星期一、二、五有课，余皆暇日，有兴请来谈也。此上

玉言吾兄史席

苦水和南再拜　十二月廿五日下午

一九四九年

□《文赋》

□北欧文学 □《韵文普说》

一九四九年三月二十四日

示悉一切平安，至以为慰。翻译平原《文赋》亦无不可。惟原作为韵文，译作恐将出以散行，此亦小事，可以无须虑及。私意陆才虽然如海，斯篇制作未尽美善，组织段落，尤欠清晰，原作似只以韵分段，前后层次未甚注意，所谓“有句而无篇”者是已，不悉尊意以为何如？旧在各校讲述此文，信口敷衍，更无笔记。辅大向有二三女生[1]记录颇详，三年前俱已云散风流，近亦无从探询。一得之愚，原不妨为吾兄一谈，顾一城之隔，聚首非易，况又非数语可了者耶！如何，如何！此后下笔时倘有疑问，可事先约一日期，枉驾来谭，不佞即不能如老马之识途，庶几可效盲人之说日耳，一笑。

至华翰所云，东海扬尘，一生三化，词人积习不能无感者，不佞正尔时时不免，然而亦力求剪除，不使萌芽。此意俟

① 叶嘉莹即此“二三女生”之一，其所存顾随讲述《文赋》之笔记，已整理成《文赋十一讲》编入《全集》。

会面时更为吾兄详之，此刻不暇笔述。职是之故，韵语久已废弃，即有断句，以未成篇，且忘之矣。不佞向来于北欧文学颇致向往，解放之后，几将全副精力倾注于此，吾兄知我，当不讶耳。又寒假中为辅大讲习班同学草得讲稿两万余字[①]，中多发前人所未发，此或可以告慰乎！辅大、师大俱已上课，讲述之余仍须出席会议，孱弱之躯，精疲力尽，不言可知。

手书奉到已三日，迟未作复，今日下午草草写此，所欲言者，未能尽言，而已腰酸背楚，字画潦草尚在弗论。不罪，不罪。此上

玉言吾兄史席

苦水再拜　三月廿四日

一九四九年四月二十七日

玉言兄史席：

手书及诗接得已多日。比来课事既忙，会议又多，真成疲于奔命。韵文现在不能写，即将来亦不拟写，兄闻此言，不将疑苦水之善变耶？此非数语可了，故亦不复有所陈述。今早又见正刚兄寄来大作《念奴娇》一阕，工程圆腴，确是进境，惟伤感过盛，恐有妨于突飞猛进耳。玉言必能解我意。灯下草

① 此讲稿乃1948年12月至1949年2月2日间所撰之《韵文普说》(撰写情况在顾随日记中有详细记述)，已佚。

草。此颂

撰祺

苦水再拜　四月廿七日

一九四九年五月十四日

四月杪作得一纸书，今日重看，似仍可寄上，即亦不令其埋没字纸篓中也。不佞作中文系主任，所谓“打鸭子上架”耳，然不如说是“歇后郑五作宰相”之更为确切也。不佞之学乃真正杂学，不足为后学表率。以此语人，人多不谅，亦只有听之而已。比读新译苏联小说，乃更有得，此言玉言或当不讶。韵语仍不能作，即作此文言短札，亦觉手重千斤。余详致正刚兄信中。欲言千万，不能尽。此致

玉言吾兄史席

苦水白　五月十四日午后

今日上得三小时课，出席一次会，归来写得致正刚兄书事一纸。写罢日昏，觉书法与文辞俱颇有书气，虽不能与古作者之林，然亦是数十年苦工夫所获得之小成绩。时移世换，此后将无所用之，不佞亦不自谓可惜。玉言于此能为苦水下一转语不？

一九四九年八月二十七日

手书与新词奉到已一星期，惟月来心脏之疾大作，少食减眠，力弱气促，头眩手战，不能作复。刻仍无痊可之象，深恐从此便成为病废人也，如何，如何！兄来平后请不必过访，谈话陪坐亦无气力耳。力疾作此短札，已觉心悸。谅之，谅之！此上

玉言吾兄

苦水和南　八月廿七日晨

“死可拼，生无力”，只此六字长在心头。玉言知我者，必能了此意。

又白

一九五二年

□《竹庵新稿》

一九五二年十月十二日～二十五日

【竹庵新稿】（一九五二年述不作堂废翁）

自题《章草急就篇斠字》[①] 卷尾（九月十三日）

银河倒挽洗胡尘，失喜江山更日新。龙象都来白莲社，东篱采菊是何人。

采菊东篱亦常事，悠然况复见南山。饱餐（吃来）折脚铛中饭，杀到前贤第几关。

---

① 《章草急就篇斠字》书稿已佚，只在此处及 1952 年 11 月 1、2 日致卢季韶信中可见点滴。

日间写心声画与续及题记竟，晚夕上床乃不能寐，口占七言八句（建国三周年纪念日）

惭愧新来署废翁，尚思人巧夺天工。间言长语浑醉梦，棒雨喝雷无聩聋。肋下三拳真虎子，草深一丈见宗风。谁知先圣相受与，别在拈花微笑中。

“肋下三拳”用临济祖师事。长沙大师曰：“我若一向举扬宗乘，法堂前草深一丈。”

玉言来书深以秋霖为苦，且举放翁“蜀中黄梅乃在秋日”之言以实之。然锦城海棠花事之盛甲天下，又放翁诗中所谓“任人唤作海棠颠”者也。明春玉言载酒看花，乐将无既。宋贤多有海棠诗，余独爱简斋之作，因隐栝其语为二绝句，示玉言，使寄希望于来日，无事泥愁于目前云尔（十月二日）

绝世风情简斋老，苏黄奇外更奇才。海棠相似人不见，且看紫绵无数开。

元遗山诗：“一波才动万波随，奇外无奇更出奇。只知诗到苏黄尽，沧海横流却是谁。”简斋诗：“不见海棠相似人，空题诗句满花身。酒阑却度荒陂去，驱使风光又一春。”又：“海棠脉脉要诗催，日暮紫绵无数开。欲识此花奇绝处，明朝有雨试重来。”

春来燕市挟风□[1]，九十韶光至有涯。何似一双新腊履，雨中看尽少城花。

老杜诗：“晓看红湿处，花重锦官城。”有人谓即是咏海棠，此言不为无理，“红”、“湿”、“重”三字，非海棠不足以当之也。

连日风雨，病骨至感秋深，拈禅语为七言八句四韵（十月十日）

稽首如来法王座，几人膝下有黄金。五阴从古说非我，四大于何安得心。情在难为劈面掌，病来自下顶门针。当秋老衲庭前草，风雨飘萧一丈深。

省宗化主曰：“大丈夫膝下有黄金，争肯礼拜无眼长老。”语见《宗门武库》。《八大人觉经》曰：“四大苦空，五阴无我。”“五阴”者，色、受、想、行、识，是亦曰“五荫”。肇法师临刑说偈曰：“五荫元非我，四大本来空。将头临白刃，犹似斩春风。”二祖乞初祖与安心，初祖曰：“将心来，与汝安。”二祖曰：“觅心了不可得。”初祖曰：“与汝安心竟。”

---

① 此处原稿漏一字，或当为“沙”。

写实廿八字（十月十一日）

雾敛氛销露乍晞，赤云捧日正辉辉。天安门外双华表，白羽翻空万鸽飞。

以前作，写似可昆君培，复得小诗一章（十月十一日）

字二十八诗一首，此间谁复是知音。今朝写似贤梁孟，五十年来错用心。

将写寄玉言，复成一绝句，即自和前韵

戋戋道了意深深，双璧定然为赏音。剑外射鱼人识得，竹庵[1]病衲此时心。

此二页系重抄，故页数与以后参差，非更别有。

述堂手记

写诗障代柬寄玉言竟，再赋此诗附篇末（十月十二日）

一夜霜风凋万木，起看西北有高楼。强衫曳杖成往事，

---

① 竹庵：顾随自署。时顾随居处庭院内有疏竹一丛，故名书斋为“三两竿竹庵”。

细雨骑驴非壮游。失水困龙心入海，在山乳虎气吞牛。一重障了还生障，得好休时未可休。

正刚日昨以秋感和人韵四章见示，皆佳胜，而余尤爱其第三章。晨醒懒起，枕上口占步韵，若其意则亦不必强同耳（十月十三日）

志士何须北走胡，空闻老马更为驹。入山谁肯随飞将，结网犹思署懒渔。一夕霜风天肃杀（远大），三年病衲臂偏枯。缁尘不染三衣在，细勘多罗贝叶书。

久未见少若、正刚二君，连日得小诗如下首，不复诠次，即写奉焉（十月十二日、十三日）

昆山玉复桂林枝，少若才华大类之。青眼高歌竟谁是，乌纱想见进宫时。

“青眼高歌”，袭杜语而变其意，江西社中人常用此法。少若尝与孙正刚合演京剧《二进宫》。

掌握铜椎再三举，当年保国意如何。愿心一种几时了，把酒倾听垓下歌。

咽呜叱咤变风云，帐下胜行诸国君。今日相烦重爨演，更教老杜几回闻。

正刚扮相威猛沉雄，又得天独厚，声震屋瓦，使爨项王杂剧，必更可观。

青莲醉写嚇蛮表，顾曲当年见若人。少若何妨歌一遍，宫花颤上软唐巾。

卅余年前尚在北大读书，曾于第一舞台见高子君爨《金马门》，恨其无书卷气，焉得少若一演之？

委地珠玑散不收，两君才调信无俦（难酬）。万言倚马等闲事，贫道更烦相打油。

乞二君和作。“相”者，《礼记》“相舂”义，“相”与“和”意近，又舂用杵，疑相字从木所由来也。

翘首城西见两君，川西更有射鱼人。津沽信是多才隽，头白山翁一欠伸。

兼寄玉言。锦城玉言尝自署“射鱼村人”。“一欠伸”者，犹言先生休矣；又心慰心安义。陈简斋诗：“万里逢公一欠伸。”

以“写实”廿八字寄示家六吉，复得小诗（十月十四日）

不会推陈更出新，陈言写得近时真。老兄虽病诗心健，压倒江西社里人。

信口（十月十五日晨醒口占）

昨日星期二，今朝礼拜三。霜风一萧索，吃睡不香甘。会了从头会，参时彻底参。贪翁新活计，死活不离贪。

“死活”，用河北方言，不作生死解。

信口之二

偶得“脚痛”五字，意甚喜之，入之前章，为韵所限，对仗未工，不忍竟弃，复用作此篇。

中秋已分饼，九日近题糕。脚痛旧毛袜，腰酸败絮袍。禅关徒漫与，世网不思逃。秋势逐天远，晴空加倍高。

今日为夏历八月廿七日，去重九不过十余日耳。老杜诗：“老去诗篇浑漫与。”

脚痛篇

三数日来脚痛，为近三月来所未有。昨夕灯下读诚斋集，至《足痛无聊块坐》一首，不禁失笑。今午亦块坐，乃为此诗也。

病后两脚软如绵，行来乍却复乍前。人言翁脚双好在，翁口不说心自怜，自怜脚在有无间。昨夜北风寒流渡，寒透重衾难回护。早晨披衣下床来，直觉脚骨如着醋，攲仄倾斜儿学步。灯下偶翻诚斋诗，斯病斯人亦有之。乃云“不借双高挂”，又说“毋追一任攲”，山翁尚不至于斯。诚斋学力乘纵横（乘即加减乘除之乘，犹言加耳），四海千秋但目送。不知脚痛始退休，为复退休始脚痛，乃至块坐不能动。诚斋眼中不着人，嘲戏文公语尖新。临老也复痛不澈，拾扇检书成苦辛，上下千峰公外大有人。

《诗人玉屑》引《柳溪吕炎近录》载，刘约之丞庐陵，过诚斋，语及晦庵足疾，诚斋因赠约之诗，有云：“晦庵若问诚斋叟，上下千峰不用扶。”晦翁后视诗笑云：“我疾犹在足，诚斋乃在口耳。”诚斋《足痛无聊块坐读江西诗》：“两脚遍云水，群书久网丝。却因三日痛，理得数篇诗。不借双高挂，毋追一任攲。老来非爱病，不病亦何为?”案：“不借”乃“麻鞋”，见《急就篇》；“毋追”盖是冠了。又有《病中复脚痛终日倦坐遣闷》七律曰：“满眼生花雪满颠，古稀又过四双年。谁知病脚妨行步，只见端居道坐禅。堕扇几旁犹懒拾，捡书窗下更能前。世人总羡飞仙侣，我羡行人便是仙。”其语较前益苦，或其病亦较前益深耶。以上二诗俱见《退休集》。一九五二年十月十五日下午，竹庵废翁附记。

又案：七律“古稀”宋诗钞作“依稀”，商务四部丛刊影印影宋钞本《诚斋集》作“者稀”，皆非是。此诗后有《乙丑改元开禧元日》七律，其后又有《秋衣》五律曰“明年方八十”。然则诚斋作此脚痛七律时，正年七十有八，故曰“古稀又过四双年”耳。“四双”，犹言二四如八也。“道坐禅”，诗钞“道”作“假”，非是，兹依集本。次晨又记。

脚痛篇之二

玉言来书云，旧有《杨陆二家理会》之作。其诗吾未之见，此题则极爱之。连日脚痛倦坐，时时理《诚斋集》，于杨诗颇有欲言，写以韵语，仍命曰《脚痛篇》。

诚斋古稀始病足，今我脚痛才望六。诚斋宦游饱看山，老我生小住山曲。玉殿擘窠书诚斋，而我抱残闲白屋。东园种得千种花，竹庵小窗正对两竿竹。我同诚斋只退休，竟中萧骚两鬓秋。八年不看诚斋集，重看冰雪湔胸臆。字句荦确出锋芒，思超李杜迈苏黄。竹窗弄笔出新意，竹庵狂似诚斋狂[1]。转验逝波天不假，要是当前畏来者。吟长吻燥起煎茶，大城秋阳辉万瓦。输我三年病废睹升平，笑他报国无路头颅如许生。

---

① “似”字原作“过”，后改为“似”，稿页上方作者自注：“‘过’与‘似’同义。”

宋光宗曾手书“诚斋”二字赐诚斋，见《文集》卷九十八《跋御书诚斋两大字》。诚斋病革，适旌子自外至，为言朝廷近事，诚斋恸哭呼纸书曰“吾头颅如许，报国无路”云云，别妻子，笔落而逝。见《宋史》本传。“生”，语词，唐宋人诗词语录及元曲往往而有，如可怜生、无厌生、太瘦生、作么生、怎生，皆是。诚斋诗中亦喜用之，如《荆溪集·夜闻风雨声》曰“更看渠侬作么生”，《南海集·过五里迳》曰“知渠何事太忙生”，《退休集·端午独酌》曰“菖蒲今日么生香”，此外仍有，不能细检。今口语乃无此字，只“作么生”转为“怎么着”；“着”又或读若“只”，舌头音转，如“豕”之转为“彘”也。

脚痛篇之三

前篇既成，吾意未尽，复为此诗，与诚斋老子理会一向，仍命曰“脚痛”，缘起也。

抗战期中尹默师，记曾赋诗说杨诗。会到浅之又浅处，始是诚斋最诚时。初看其钞未云善，继得全集读大半。近来脚痛理旧编，千峰顶上重相见。模山范水意态真，批风抹月杼轴新。拈起太白老杜笔，出尽畏谷玉溪神。乱头粗服直出去，搔首踟躇时回头。当日粉泽尽无光，千载凌波失故步。问公何事太愁生，意气如山未肯平。九集愁字千百个，时复无寐至天明。个是魏公门弟子[①]，不尝曹溪一滴

① 此处作者自注：“‘个’犹今语‘这’。”

水。乍喜看似透网鳞，一怒还成率野兕。尤物移人只戏言，杨氏为我谁雪冤。颇疑捧心效西子，岂止顾影似老猿。胸次我识常作怪，缁素分明转狭隘。孔颜乐处曾未知，况复捐躯偿君债。脚痛淋疾老相寻，依旧横眉事苦吟。补疮愚子徒剜肉，啮掌小熊果何心。九原有灵勿罪过，壁垒森严七字长城阵。我攻破葛藤椿子轻轻握，虚空一片纷纷堕。自读公诗我笔强，循规蹈矩离员方，文字有灵奈枯肠。入室操戈我岂狂，萧条异代公亦伤。廿年止酒剩空肠，我欲酹公无酒浆。虔诚且烧一瓣香，会当奋翅起高翔。

默师诗："冻蝇寒雀亦奇才，都入荆溪集里来。谁道深人无浅语，浅之又浅见诚斋。"诚斋诗起《江东》、讫《退休》，共九集也。尤延之尝嘲诚斋曰："杨氏为我。"诚斋亦嘲延之曰："尤物移人。"见《齐东野语》。诚斋有《不寐拥被独坐》诗曰："顾影真成一老猿。"忘其在何集也。默师自跋其《秋明长短句》曰："悲欢不出于一己，忧乐无关于天下。正如爱伦堡氏所讥'少熊无力得食，自啮其掌，掌尽而生命亦随之而尽'者，是可愧也夫。"马融曰："康成入我室、操我戈而伐我乎。""烧香"者，宗门嗣法弟子住山后，为其传法师烧香也。又陈后山《妾薄命》诗曰："忍着主衣裳，为人作春妍。"任渊注："此句及下篇'向来一瓣香，敬为曾南丰'之句，皆以自表见其不忍更名他师也。"一九五二年十月十六日下午废翁自识。

补《脚痛篇之三》二绝句

最是中兴关念深，山阴当日亦同心。端居时下新亭泪，北望中原叹陆沉。

善善从长公莫冤，从来冤狱要平反。爇香今日重忏悔，未是前言皆戏言。

第一首之意，于作《脚痛篇之三》构思时，即已具有。惟昨日自晨迄夕，写成《脚痛》第二、三两篇，比及后幅，窘于韵，踬于句，限于章，疲惫之余，捉襟肘现；又急于搁笔小憩，前意竟未能写入篇中。上床后口占二绝以识吾过，并非尽是向诚斋老子手中纳败阙也。十七日晨兴录竟附记。

绝　句

十七日清晨枕上口占

老去心情似少时，取言毋我枉前知。山翁自作起居注，排日吟成长短诗。

自题《竹庵新稿》后

趋庭诗学忆龆时，华颠今日更霜髭。听雨楼头卖花巷，剑南是我启蒙师。

小时不喜坡公句，长爱涪翁与简斋。不负吾师传法意，竹庵胜业未尘埋。

儿时从先君子受唐诗，记诵而已。一日先君子为举放翁“小楼一夜听春雨，深巷明朝卖杏花”，触磕之下，始有作诗意。又生小不喜苏公诗，三十岁后从默师学，始细读江西派诸家之作，于山谷、简斋两家尤多。所得启发，诗格于是一变，然犹未能自立门户。一病三载，此事都废。今岁小愈，医嘱万勿作诗，自亦力警。九月间以《章草急就篇斠字》草创稿写竟，得二小诗，自尔破戒。建国节后，几于逐日有作，亦复可厌。兹拟暂时断手，别修胜业，更为二绝句，略述渊源，聊当总结。凡古近体诗廿有八首，统名曰《竹庵新稿》。

一九五二年十月十七日　述不作堂废翁

【竹庵词剩三首】

鹧鸪天（十月十八日）

朝气新生漫古城。高楼一夕起峥嵘。（注：**和平宾馆在金鱼胡同，为北京最高最大之新建筑**）翩翩白鸽飞千队，飐飐红旗带五星。　　临白露，似清明。百花映日倍含情。忽然人海潮音作，汹涌和平万岁声。

“和平”拟改“山呼”如何？

浣溪沙（同日）

炉火熊熊突起烟。（突，灶突也）大田多稼又丰年。健儿勋业在辽边。　　漭瀁神州春似海，辉煌汉运日行天。一星北极耀人寰。

清平乐（同日）

睡余饭饱。窗下临章草。学习毛书文件了（注：比读《毛泽东选集》，又逐字细看各国和平代表发表文字、谈话、报告及俄共党代表大会诸文件）。又理野狐残稿。　　前贤着意区分。新诗信口胡云。忙个一天到晚，这番真是闲人。

诗词稿俱已录副了，不必寄还。

述堂　十月廿五日上午

一九五三年

□曹雪芹故居 □京城胡同名
□大观园 □《红楼梦新证》
□曹雪芹传

一九五三年三月三日

（临东坡致陈季常书略）[1]

竹庵独坐无俚，学冉公[2]书，寄玉言兄发一笑。癸巳新正。

一九五三年三月三日

此帖真迹今藏故宫，乃坡书最无习气者，其高处直欲上追二王，竹庵极喜之。

我书学过坡远甚，书才亦未必逊之，独无其萧散疏朗之致，只此一着，便出坡下，世人可轻易谈书法哉！

三月三日又记

① 顾随临写苏东坡致陈季常书帖寄周汝昌，后附短札。
② “冉”通“髯”，冉公即苏东坡，因其多髯，故有“髯苏”别称。

一九五三年三月三十一日

（第十五书附件）[①]

最高楼

廿五日写致家六吉书竟，复缕以此词。

吾衰矣，耳顺欠三年。病起鬓毛斑。如今不是东篱下，何须采菊见南山。莫休休，休莫莫，似前贤。　七十岁、叫天身段巧。六十岁、小楼工力好。犹打棍、且安天。细思吾弟年方壮，那能斗室坐偏安。一壶茶，三顿饭，两枝菸。

“菸”当为烟。“打棍”者，《琼林宴》；“安天”者，《安天会》也。

玉言一笑。希得和章。

述堂呈草　卅一日灯下

---

① 此页信纸开端即书《最高楼》词，词前之一行特以小字加括号注明“第十五书附件”，而第一书至十五书未见。

一九五三年四月十一日

第十八书[①]

玉言兄：

昨日上午写十七书竟，裹封亲至校前邮亭发寄。亭中人衡了一下之后，乃曰："四千。"而囊中仅有两千而强，爱人手下刻亦只有少许菜钱，遂不得不先"食"后"信"。（"民以食为天"，"民无信不立"。）拟于十三日领得"工资"后，再行投邮也。昨竟日狂风，"穷"极之下，愤而"走旷"，至什刹海畔一小理发店中，令薙匠将长发剪短，聊以快意。（理发只须两千）下午睡起无聊，取苏帖读之，见冉公自书诗《次韵王晋卿（即《水浒》第一回中之"小王都太尉"也）送梅花》，遂摹一过，又和其韵亦成一章。中有句云："三年病废卧竹庵，此身常为亲厚痛。四海皆准周道新，无孔不入泻地汞。但得长作孺子牛，不辞永睽云间风。"自谓落韵颇稳，不减元唱，尊意云何？（读东坡自书诗稿帖，陆续已和得四首，冗中不复写寄。）诗既和得，天已入夜，洗脚上床，愤气乃销。玉言读至此，必笑山翁孩子气十足也。

今早院中乃有微冰。上午仍出散策至后海岸，风劲甚。

---

① 此函标为"第十八书"，前此之十六、十七两书未见。

（师大校长办公室又遣两人来相挽留[①]，叵耐之至。）今春天气之坏，乃不佞旅京廿余年所未尝遭逢者，使在病中，必不能堪，兹乃日日外出散策，未尝以阴寒风霾而中止，亦未尝伤风咳嗽，体力之长进，可以告慰长想也。下午睡起觉两臂作楚，但意绪怏怏，必须有以排之，乃取晋唐诸贤法帖卧床上读之，渐读渐迷，神与古通，此乐真不减“左顾右抱”；当此之际，邮差乃送来四月三日大札，今日于是“福”乃“双”至矣。不足为外人道也。

“呼保义”已破案，大快事，大快事！余前此已言，“线索既得，破案有日”，今果尔矣。“被人呼保义”，“呼”，本作“叫”，似仍以作“呼”为是。何以故？依词律，此句当为“仄平平仄仄”耳。《论施》已脱稿寄京，尤可喜，尤可喜！但未悉何日始能印出，一饱眼福耳。

“一鑑”、“半鑑”，“鑑”当为“监”之讹。昔者太学称国子监。（昨日下午写至此，全甥[②]来，乃搁笔。）太学生称监生，其在太学读书者即曰坐（或“入”）监读书。自明以来，国子监所刊经籍号为“监本”。然则《水浒》所谓“读一鑑之书”、元曲所谓“读半鑑书的秀才”之“鑑”，岂不为“监”之讹耶？洪太尉自炫其博学，故曰“读一监之书”，意若曰所有太学中之藏书，无一不读也。至如秀才，虽属黉门，尚未登第，故曰读半监书，傲而谦，谦而傲矣。“监”有平、去二读：

---

① 1952年高校院系调整，顾随任教之辅仁大学与北京师范大学合并。1953年顾随病愈后，应天津师范学院之邀，赴津执教。

② 顾随胞妹之子孙书秀，小名德全。

“监”狱字读平，国子“监”字读去；犯罪人坐“监”牢狱字读平，士子坐“监”读书字即读去。殆以示区别乎？无义可求也。“鑑”亦去声字，自当为“监”之讹。

述堂十年来乃与雪公故居[①]临，又曾数至大观园中，亦曾一出“北门”，若非兄为点破，几至蹉过。司铎花园（今在师大后，师生可以自由出入矣。）规模不大，不足当《红楼》之“大观”。大抵小说家言踵事增华，古今中外莫不胥然，不可刻舟以求剑；或古迹淹没，后人重造，乃失前规，亦未可知。安得射鱼人北来亲至其地而一勘之？又来书所谓“兴元寺”当为“兴化寺”。今师大在定阜大街，（注：此当是后起之名，在曹邸成为定王府之后。其街与护国寺成一直线，不应别立一名也。）西连护国寺街，其南即兴化寺街也。匆匆。敬颂

玉言吾兄健康

顾随　四月十一日早起于大观园后身
（后身，京语，非前身之对）红楼中
东府之西邻

今师大理学院（前辅仁男校）乃定王府，其前之定阜（府）大街即以此得名，当即《红楼》之西府。东隔一巷，（北为李广桥西街，南为龙头井。）今师大本部（前辅仁女校）乃恭王府，当即《红》书之东府。度其初皆当为曹氏旧业，其后籍没，清室乃以分赏定、恭二王耳。

二府之间有一沟，北通后海（积水潭、静业湖），南通什刹

---

① “雪公”谓曹雪芹，“雪公故居”谓恭王府。

海（前海），（定府址高，此水甚浅，决不能如红书所云引至墙内。）大雨后水流甚急，间有鱼可叉。平时藏垢纳污，臭沟而已。述堂每往来辅大男女两校，从小桥上过，春秋夏三季辄为之掩鼻。今已由政府加工改为下水道，上夷为马路。所有诸桥皆拆去，即所谓李广桥者，亦历史名词矣。（李广桥，明李姓太监所建，原名李公桥。见刘同人《帝京景物略》。）北门为德胜门，当自不误。德胜门外多水，苇、塘当然亦有之。门之西为水关，西山诸泉水入城皆由此，亦即前后海、北海、中南海之来源也。

竹庵左近尚有张皇亲胡同，明崇祯帝张后之母家也，今改尚勤胡同，俗不可耐。书至此，忽觉小庵附近，乃有许多古迹，大可发思古之幽情。赴津后，当无如是住所矣。

因张皇亲胡同联想及于京师胡同名至有风趣。即如"百花深处"（俗或简称"花深处"，尤可爱）、"杏花天"，如不说明，玉言未必知其为小巷也。忘记于何书见说"百花深处"旧时代乐户所居地也。"杏花天"，尚不知其出处。亦有至鄙俚而仍不失为风趣者，但不知何时已改换，大抵辛亥革命后事也。如"王八盖"今为"万宝盖"，"猪尾巴"今为"知义伯"，"狗尾巴"今为"高义伯"，"大哑巴"、"小哑巴"今为"大雅宝"、"小雅宝"，"大席儿"今为"大喜"，改得皆不十分高明。至如大、小"墙缝"之为大、小"翔凤"、"狗窝"之为"高卧"，"烧酒"之为"韶九"，但有虚名，都无实义，何所取哉？"络车胡同"改为"罗车胡同"，则不辞矣。亦有仍旧贯者，如大、小"拐棒"，大、小"金丝套"，"劈柴"、"牛排子"之类。但似亦有不便不更换者，如西单之寿比胡同，"寿"原为"臭"，"比"原为女根，此而不改，殊觉不雅，此或由于吾辈小资产阶级意识作祟耶？其在西洋，惟于阿佐林、巴罗哈两大作家之小品文中，见西班牙京城马德里乃有类似以上云云之巷名耳。至于纽约，则多少号、百劳汇（BROADWAY）而已，其俗尚可耐耶？于是亦可证吾民族之高古朴实，不独旧迹繁夥足以发思古之幽情也。独坐无俚，书此，再发射鱼村长一笑。

古贝人上言　十一日上午

宋史载贝州民王则反，文彦博（潞公）平之。贝州即清河县。不佞幼时乡居，尚闻人谈王小二造反事，亦绝好农民起义之资料也。

一九五三年五月二十九日至六月二日

第廿书[①]

司铎书院有海棠四株，百年物也。自陷贼以迄解放，每花时必往一看，数曾和《东坡定慧院东海棠诗》纪之。月初玉言忽自蜀寄来和苏诗一章，且考定书院为清恭府之萃锦园，亦即曹雪芹氏家故园，而《红楼》一书所谓为“大观”者也。小庵与院对门，病来三载未曾一到，今岁病起，而院门常关，欲到无由矣。玉言嘱和作，冗中匆匆便已忘之。今日五更梦醒，即枕上依韵成篇。（五月廿九日）

---

① 此札标为“第廿书”，前此之第十九书未见。

常喜斗鸡望若木（纪渻子为王养斗鸡曰“望之若木鸡”矣。事见《庄子》），最嫌高人立于独。红楼大观迹已陈，尚勤李广且从俗。（小庵之西有尚勤胡同，明之张皇亲胡同。其曰李广桥者，则明之李公桥也，俗多不知）前海后海桥无踪（自小庵北至后海南岸，南至前海北岸里许间，凡为新旧桥者六，李广桥其一也，今皆夷为平地），千年万年陵为谷。百尺天半起高楼，眼前别有新华屋。茫茫尘劫一刹那，芸芸众生皆骨肉。杜陵老子今犹生，吾庐独破死亦足。所惜不作海棠诗，空云丽人贞且淑。君今赋诗要和章，我亦空肠转枵腹。未养一寸二寸鱼，相对三竿两竿竹。名花咫尺不得看，焉得登高一纵目。诗人自古例远游，射鱼政尔当居蜀。尔来下笔箭离弦，遂教每发必中鹄。自怜衰废学殖荒，莫问更唱谁家曲。放下拳头两无聊，唤作竹篦也不触。

去岁曾有书与玉言，谓蜀中海棠花事之盛甲天下，玉言明春载酒看花，如有篇什幸寄示以当卧游。而玉言今春乃无一诗，顷虽和得东坡海棠七古，顾仍无一语及蜀中花事，余意颇不能平。今日小窗坐雨，不能外出散策，因再和苏诗，寄似所以让之也。（五月卅日）

莫教此心如枯木，莫教此身落孤独。为文要须能无文，脱俗第一先从俗。郁郁百岭总学山，渊渊虚怀常若谷。杜陵老子千载人，所恨牵萝补茅屋。述堂病起将一年，坐久髀里复生肉。射鱼村人作壮游，底事搔首心不足。闲愁闲闷未销除，此身此世何由淑。腹中稿成懒写诗，先生未免太负腹。

少城花好不看花，小庵无竹尚名竹。纵使三日成耳聋，金篦遣谁为刮目。上都春事一宵风，夜来梦魂西入蜀。张盖同出碧鸡坊，大似奋翅双黄鹄。红锦紫绵匹似人，烟笼雾润阑干曲。君问此愿几时还，海犹可煮山可触。

我诗比似有小进益，所惜多写和苏，不免文字游戏之讥。然此二章如无玉言之嘱托，亦不能有也。至末章或发箴诫之言者，即以玉言来书往往有抑郁不平之气流露于字里行间。眼高心狭，述堂自亦未免，然检点平生，于此受害不少。于以知愤世疾邪不独无济于事，且更有伤于生。携家远游，生计为累，忧能伤人，其何以堪？故不觉其言之切。玉言必了吾意。葛佖同志来借书，曾以设法使玉言北检为嘱，惟当今之世，去就之际，有不能专为个人计划者，俟到津后与王老弟[①]一谈再作校计。成否不可必，亦不必必耳。玉言以为尔不？

正刚昨日下午来小庵畅谈二小时许始辞去。此公比于韵文语言有新造诣，言上座似落其后。此非数言可了。匆匆，姑止是。此上

玉言贤友史席

述堂拜手　国际儿童节日下午

（廿书之附）

刻定月之廿一日“去”京，复书请寄天津马场道天津师范

① 王老弟，顾随早年女弟子王振华，时任天津师范学院中文系主任。

学院中国语文学系转。“去”字必如此用。玉言每每说“去津”，非是。“去国”一词之义，准此。

“且”有而且、况且、暂且诸义。“且安天”，不须改。杜诗：“存者且偷生。”又《水浒》李铁牛大哥曰：“我且不要吃哩。”皆可为证。

关于“大观”旧址，第十八（?）书所说，小有误（误以定府之“神父花园”为“大观”也。）若此次和苏第一章序中所言，即不误。述堂颟顸，习与性成。入大观园，不知多少次，所注意者，海棠、凌宵花、银杏树……至于屋庐，都不在意。然大原因亦在布置建筑，俗不可耐，虽强记，亦不能记得住耳。略图会当乞邻而与，而行期迫促，不暇及此，谅之。

玉言再鉴

述堂又白　二日早

“神父花园”与“司铎书院”为两地。前者在定府，后者在恭府。定府在街西，恭府在街东。此乃与《红楼》之东西二府，正反一过。小说家言，每每变幻其辞，使后人难于捉摸，古今中外，莫不胥然。雪老于此，正复尔尔。家六吉与余第二女子子之英当年在辅大美术系读书时，其教室即在司铎书院。玉言可直寄家弟，令其作一略图。

同日又书

此页写来极潦草，然分两亦自不轻，玉言当自知之。

一九五三年十月二十七日至二十九日

上次发书次日之上午，即收到大著两册[1]。其时手下正压着一点活须于一两天内作完，所以拆封之后，仅仅欣赏了一下书的封面，并不预备读下去。还有一番意思，说来我不怕你见怪，而且也一定不会见怪，就是：我知道这部书是用了语体写的，而我对于玉言之语体文还缺乏信心，万一读了几页后，因为词句、风格之故，大动其肝火，可怎么好？（一年以来，每看新出刊物，辄有此情形。）不意晚夕洗脚上床，枕上随手取过来一看，啊，糟糕，（糟糕云云，恐此夕将不得早睡也。）放不下手了，实在好，实在好！再说一句不怕见怪的话，简直好得出乎我意料之外！

我是从大著最末的部分读起的，即是从玉言讲脂砚斋评本的“评”那一部分读起的。脂斋是枕霞公，铁案如山，更无致疑之余地。述堂平生未曾见过脂评红楼，见不及此，事之当然。却怪多少年来号称红学大师的如胡适之、俞平伯诸人，何以俱都雾里看花，眼里无珍？（自注：适之为业师，平伯为同门，然两人都不在述堂师友之列。）若不得射鱼大师抉出庐山真面，几何不使史公（云老）窃笑而且叫屈于九泉之下也?!（自注：云老与雪老为对。玉合子底、玉合子盖也。）起个哄，以云老之豪迈，或竟大笑而不窃笑，不过以云老之“咬舌子”，

---

① “大著”即谓《红楼梦新证》。

假如叫屈，不知又作何状耳。而又非宁唯是而已。玉言风格之骏逸，文笔之犀利，其在此书，较之平时笔札（自然以不佞所见者为限），直是百尺竿头，更进一步。若夫当代作家之谬说百出，饤饾满纸，齐在下风，当在所不论。概是玉言见得到，所以说得出，而又于雪老之人之书，不胜其爱好，于是乎文生情，情生文，乃能不期于工而自工。（自注：是“概”非“盖”。“概”云者，述堂不欲自必之辞也。）述堂欲断言：而今而后，《新证》将与脂评同为治红学者所不能废、不可废之书。天下明眼人亦将共证述堂此言之非阿其所好也。好笑郑振铎氏近日在《人民日报》上发表了一篇文字，居然欲说：一切考证皆是“可怜无补费精神”。（自注：难为“该”氏居然记得一句遗山诗，而又一字不差地引用出来。）不过持此语以评旧日红学家的文章，亦或可说是道着一半。“该”氏亦特未见《新证》耳，使其见之，当不为此言。但此亦甚难说，“该”氏不学（当代妄庸钜子之一），即读《新证》，亦决不能晓得其中的真正好处（文笔之工、考据之精、论断之确）也。写着写着，又动了肝火，（自注：写至此，遥望窗前，草木黄落，夕阳下楼，天远无际，搁笔叹息，不能自已。一言以蔽之：闹起情绪来而已。）玉言试看，述堂老子还十足的一个孩子哩，斯人斯疾，何时是了！

闲气少生，如今且说《新证》此章标题下面加了个“?”，（记得仿佛是“脂砚斋即史湘云?”）足见玉言之虚心，不欲遽然自以为是，这原是治学的人应有的态度。述堂看来，却以为不必，如今玉言不必过谦，述堂亦决不肯为吾玉言代谦。根据《新证》之引证、之考订，脂砚斋绝对是云老，断不可能是第二个人。即有可疑，亦是云老自布下的疑阵，故意使后人扑朔迷离，不能辨其雌雄，而却又自留下漏洞来，使后之明眼人如今世之射鱼村人其人者，得以蛛丝马足地大布其真相于天下。若问云老当日何苦如斯，述堂答曰：这便是旧日文士藏头露尾的相习成风，云老快人亦复未能免俗。然而如此说，亦是屈了云老。所以者何？云老盖深信自家之评将与雪老之书天地比寿、日月齐光者也。彼不愿俗子（满脑袋封建和教条的人）知其为出自自家之手，而又决不肯使眼光四射（不止射“鱼”而已）、心地纯洁如吾玉言其人而不知其为出自自家之手者也。藏头露尾云乎哉果也。百年（?）之后，枕霞外（?旧?）史[①]得一知己——此非偶然，亦非皇天不负苦心人，历史发展、势之所必至也。此玉言所以不必过谦，而述堂亦决不肯为吾玉言代谦者也。

可惜《新证》此时不在手下（为系中一同仁借去了），不然，述堂将于可能之处，一一抉之，为玉言助喜。于此，即有人谓述堂是玉言的应声虫，亦在所不惜。于此，即有人谓述堂与玉言在演双簧，亦在所不顾也。（廿七日写至此）

有人疑脂评笔墨庸弱，未必出云老手，此误也。大观园中诸女同志皆苦不甚高，不独云老为然，而在尔时，固已凤之毛而麟之角矣，此不足为诸女同志病。又脂评所有差别字，皆得玉言校正，云老九原有知，定当感激。惟私意此诸差别，未必尽是抄书人之过。向日女性为文，颇爱作别字，云老或不例外耳。（女作家写别字，于今为烈已，叹叹!）（自评：何须叹!

---

① 当系“枕霞旧友”。此处作者凭记忆书写，自知不确。

然而还是叹了，此述堂之大病也。)[①]

今早大雾弥天，近午不散，诵义山“秋阴不散霜飞晚”之句，为之慨然。又骨疼鼻塞，恐是伤风之象，拟赶速结束此函，以便将息。下文或将更形草率，玉言勿讶。

《新证》就本《记》考定雪老生卒年月，并证明本《记》中事实是编年写出，才大如海，即亦未欲奉承，要是心细于发。此等工作，除玉言外，亦复谁人做得？至为证明当年“芒种”，并万年历亦用上：可知吾辈文人博学多能是极本分事，但不可与痴人说梦而已。要之，《新证》是本《记》铁的注脚，且使读者得知雪老当时创造是如何的适合于今日所谓现实主义。若说射鱼是雪老功臣，即未免抬他“玉兄”，屈我玉言。述堂于雪老到今仍是半肯半不肯：肯者，是他的“贤美”；不肯者，是他的“未学”。如谓其“未学”是时代局限性，述堂亦难于轻轻放过他。即以文辞而论，述堂亦时时嫌他忒煞作态，特别是其四六；作呕当然不到得，然而每一见之，辄觉肉麻，此肉麻之感，亦且与述堂之年龄以俱增。难道述堂真地老了么？玉言于此，于意云何？

述堂以上云云，不免以爱憎为去取。然而《红楼》一书，佳处在白描而不在雕饰。玉言于此，当有同感。即如《新证》所举“玉兄”出祭玉钏[②]，“一弯腰”云云，实是雪老天才底

---

① 此段文字是以小字每格双行写在纸页末尾的，揣当系因纸末仍有余白，故又补此数语，亦在廿七当日。

② “玉钏”：当系“金钏”之误。

光辉灿烂处也。（其余自然可以类推）附带一笔，玉言此处引拙作一段[1]，来书又致歉意，此则未免谦之过当。所以者何？《新证》如此好书（好者，不朽之意），而采及谬见，则述堂“与有荣焉”也已。

现代人为文好讲究作品中的思想性。《新证》的思想性如何？述堂自家的思想尚不能正确，故亦难于下断。惟浅见所及，《新证》一书于思想性方面，的确作到了“可以无大过矣”。若夫掂斤播两，吹毛求疵，则“大风吹倒梧桐树，自有旁人说短长”，而述堂不与焉。（曹頫进龙袍，被雍正帝训了一顿，玉言于此下曰“可怜可叹”，此似不可。盖今世之判断事理，一本理智，是是非非，一一分明，不须怜他，亦不须为之叹耳。玉言云尔不？）至于其他意见，以原书（《新证》）未在手下，又未曾精读数过，此刻随想所及，随手写出，容有未当，玉言察之。

《史料编年》过于求备，颇有“贪多”之嫌，将来必有人焉出而指摘。（鲁迅翁当年作《小说史略》，而“溢”出了一部《小说旧闻钞》。如说《新证》相当于《小说史略》，则《史料编年》章中之材料，太半皆《旧闻钞》耳。）深望再版时之“考殿最于锱铢，定去留于毫芒”也。此其一。行文用语体，而兴之所至，情不自禁，辄复夹以文言，述堂不在乎，亦恐有人以为口实。此其二。行文有时口风逼人，锋芒过露，此处不复能一一举例，切望玉言自加检点。此其三。续有所见，

---

① 《新证》1953年版曾引用顾随未刊稿《小说家之鲁迅》中语。

当另作函。

玉言贤兄过眼

述堂拜手　十月廿八日午刻

文中、忘记何处，“餍心”之“餍”排作了“懕”。“懕”是“恹”字，与“餍”似有别。“餍”之本字是厌。《孟子》：“此其所为厌足之道也。”正作“厌”。

见赐之一部，中有“败叶”，如有多余，能再赐一部不？

又白同日

参加了政治学习归来，（这学习，王主任原本不让我参加的，而且也已得到领导上的许可。因为从本周起，四年级生有六周的实习，我就闲下来。左右是闲着，乐得学点儿本领，所以决意参加了。复次，倘不是有闲，这封信也就写不起来。）吃过五点（到此时习为惯例）的点心，觉得气力兴致一切俱好，再写几句，以当长谭。如其兴尽，随时搁笔，明晨续写。

题签，来书以为“颇似默师大笔”。述堂乍见，亦以为尔。细审之后，真应了禅宗大师一句话：“虽然似即似，是则非是。”最大的马脚是：出锋皆不健不实。（悟得此一句子，便明得默老笔意，亦且明得使笔之法。不得轻易。）“梦”之末笔，“新”之末笔，皆可以证吾言。试取新版《水浒》及文怀沙《屈原集注》（?）[1] 题签比并观之，玉言聪明绝顶，必能了然

① 或当为《屈原离骚今译》，文怀沙著，沈尹默题签。

于何者为出锋，何者为健为实。[1] 至于“萝”之“艹”头作“丷十”，“證”字右文“登”上之“癶”作“癶”[2]，确是默老结体之法，然而不熟不精，勉强之迹宛然在目，决非老师亲笔也。述堂曾再三寻绎：此五字如不出于老师，毕竟出于何人？此一问题，有三种假设的解答。其一，出于弟子，如非亲炙，亦必私淑，（否即不能如是之亦步亦趋也。）惟不能指名以实之。其二，出于某世兄，盖默师喆嗣皆学父书，而名令年者侍左右最久，可能为此君。其三，出于平君夫人。（师母也，姓褚，名保权，平君其字。）冯至说：平君书学老师，殆可乱真。然乱真云云，在他人或然耳，瞒不过述堂的老眼也。以上三假设，第一，今世除孟子铭武外，难得有别人，故此一假设可以不立。第二，令年世兄向不曾闻作过此种笔墨（谓题签也），亦可以废而不用。然则其果真出于平君夫人乎？意者，老师偶而倦于命笔，遂令平君夫人书之；或平君夫人素亦喜读《红楼》，老师亦遂令其与吾玉言结此一段文字因缘乎？不必如此，但作如此想，述堂亦不禁“喝一声彩不知高低”矣。（述堂喜幻想，此段文字遂落入唯心论，然亦不顾也。）

津门自农历八月以来，秋高气爽，美丽无既。中秋节后，曾与内子至谦德庄人民公园（是旧时李善人家园不？）一游，不必以拟京中之北海、中山，要自不无其可取也。

令缉堂兄近何作？在津市不？

---

① 原信在“浒”字最末一竖及“屈”、“原”二字的撇上都画了圈。并于纸页上部有自注：“圈处指出锋处也。”

② 纸页上方注明：“‘癶’先作‘人’，然后翻腕上折作‘丿’。”

草草又尽两页纸，总不如面谈耳。

羡　廿七日灯下[①]

由于玉言《新证》之业已杀青而想到述堂《说红》[②]之尚未脱稿，是以今晨便不急于发信，且再写此一页纸。

《说红》于出京前只写到“大观园人物分”中之二木头，尚未到三、四两位姑娘，遑论林薛？到津后，初是奠居未定，后是业务相逼，当然不能续写。搁置既久，乃并初命笔时之腹稿亦抛到爪哇国里去了，即要写亦无从写起。初起草时，曾拟得节略曰某“分”某“分”者，寄呈玉言，想仍在箧中，得暇希录副寄下，以便揣摩。总之，已有玉言之《新证》，便不可不有述堂之《说红》，既并驾而齐驱，亦相得而益彰。惟是《说红》行文用语录体，支离即使未必，怪诞要是不免。好在写成之后，只预备出示知交如玉言辈其人。若夫鼠目寸光、无识下士未必能见得到，即使见到，亦笑骂由他笑骂，好“文”我自作之而已。

《红楼》一书文评，最不易作，今得《新证》便省却许多手脚。何时能有人整理脂评《红楼》而印之？（此事要亦非吾玉言不办）俗本可厌，诚如尊言。

述堂　廿九日早

① 当为廿八日之误。

② 《说红》全题为《说红答玉言问》，其未完稿先辑入《顾随：诗文丛论》，后辑入《全集》。

《说红》暗中摸索，颇有与《新证》互相符合处，虽不必即诩为“大略相同”，私心亦时时窃喜也。初拟即以未完稿寄奉一看，继思总不如写竟之为得，亦且此间明春便开小说讲座，写出，正是一举两得耳。《说红》亦只是分析《红楼》中人物性格，尚未能专力批评雪老之文字也。

一九五三年十月三十日至三十一日

玉言贤兄史席：

今日晨起策杖出至校门外买火烧及油炸果（“果”字如此写是本字，俗从食旁，决是后起。都中乃曰油煠鬼，“鬼”盖“果”之音转。今吾乡犹读“国”若“鬼”也。又居京前后近卅年，独不喜食彼中之烧饼油煠鬼，以为淡而无味，虚有其表。廿余年前客津时，正在废止朝食，遂与此二物交臂相失。此次来津，一尝之后，几乎成癖，隔日不食，辄复相思，如忆良朋也），将以佐蜂蜜牛奶沍鸡子作早点，路过收发室（此必经之路，非绕道也），又得月之廿一日手教。昨已有长函寄奉，本可暂不作答，而点心茗饮之后，寒斋独坐，甚无意绪，又天气阴沉，渐感秋之已老，冬之将至，内子此刻正在忙于预备午餐，四顾环视，无人共语，故复草此书，不独自作排遣，亦将令吾兄于索居离群之际，得以暂时破闷耳。

暑间贵校头子所致何林公①之信，尚不失为打官话，见之

---

① 何林公谓李何林，时任南开大学中文系主任。

纵有气，亦尚无话可说。所恨者贵系头子之信，明明系中无人，割舍吾兄不得，而偏又装腔作势、拿糖作醋，一则曰：一部分学生有信心，特别是旧华大学生；再则曰：尚属优良。简直令人不能晓得该头子在胡放些什么气！甚底叫做“一部分”？甚底叫做“特别是”？甚底叫做“尚属”？谓该头子为昏聩胡涂，我看直是捧他（该死的官僚主义者而已）。所以上次刚公来津时，一提及此便不觉不知地大骂，而且至于破口，即此刻写至此处，不佞仍不免气涌如山也。不佞向来不好传言传语、挑三话四，不过这回实在忍隽不禁。涵养功浅，自不必说，且复自愧未能明目张胆出马仗义执言。如今且骂一阵黑街（骂黑街是清河县乡谈），只恐不独不能为吾玉言出气，且更火上浇油，惭愧，惭愧！罪过，罪过！

来书谓《新证》“泛滥四十万言”，“虽小有创获，实亦无聊”云云。私意以为泛滥或诚有之，特以史料编年为甚，此于前书中已有所论列，兹不絮烦；至于创获，决不为小，所谓小，玉言自谦，谦而又谦，谦之过当，遂乃自小之云尔。此非故为称誉，更非阿其所好，玉言不信，予别有说。先决问题是《红楼》有无价值，今世之人已公认《红楼》为不朽矣，然则玉言之《新证》于雪老之人之书，抉真索源，为此后治红学者所必不能废，则大著与曹书将共同其不朽，自不烦言而解。创获纵小，终是创获，况其初本不小。使无玉言之书，世人至今或仍将高改《红楼》与金改《水浒》等量而齐观之矣。即此一事，已复甚是了得矣，而况其不止于一事而已耶！兹意亦已于前书中略发其端。既明斯义，则“无聊”一词压根儿无从说起。此而无聊，将必若之何而始为有聊乎？即以此时之述堂论之，自上午起草此札，断断续续乃至上灯，（下午往听此间蒋教务长之粮食供应计划报告，未能续写。）天阴如墨，夜寒侵肌，尚复挥笔疾书，不能自休，将以寄似数千里外之射鱼村人，有聊乎？无聊乎？如此而尚有一毫发之聊（此一句非谓其无，正谓其有），则吾玉言之《新证》之有聊也大矣！而玉言顾犹自小之耶？

卅日写至此

文有标点固便于观者，然随手点定，往往使书法神气不能贯穿一气。此虽用退笔写，而行间字里，较之平时颇有可观，玉言必能见及。

至谓错字甚多则以草草读竟，未及看第二过，尚不曾发觉有甚差别。只一“歴”字，颇觉奇怪，前书已曾言及之矣。关于题签亦有发挥，不知尊意云何。

来书谓“杜传”与“红证”之签有懈笔与败笔，此可为知者道也。不佞从老师学书，学其所能学，其限于天资而不能学者，即亦不强学，且别寻补救之法；学其所必当学，其不必学者，亦决弃之而不学（饶他非心非佛，我只即心即佛）。又老师之书亦自有其所学，不佞则又刻意于老师之所学。至于通章今、融篆隶，私心且与老师共驱中原，若其指腕之无力，临池之工疏，则天也，非人力之所能及，而不佞于老师乃有夫子超逸绝伦，而回瞠乎后矣之感。玉言乃谓拙书笔酣墨饱，其然，岂其然哉！孟子铭武学老师书，亦步亦趋，多因袭，少变化，固是一病。要是得天独厚，精力淼漫，故欲与夸父争速、孟贲角力。闻孟子临孙过庭《书谱》，竟日得尽一卷，述堂何能及。

大驾明夏北检，慎勿徒成口头契约。在京在津，何所不可？今岁来津，既成画饼，明夏云胡能必？《新证》一出，名驰京国，招致者将大有人，而南大与师院恐又未必有出死力相邀之决心，念此惟有怅恨而已。关于《杜甫传》，此刻不暇详说，但记得前此手书所云云，于心不无戚戚。专此，即颂

著祺

顾随再拜　卅一日上午

笔益秃，不中书，此页字画乃有颓势，勿讶，勿讶！

一九五三年十一月十四日至二十日

玉言吾兄史席：

空递手札二通并大稿四册统于十二日达津，勿念为祷。连日有事，又天气转寒，懒于动笔，大札虽有速复之嘱，今晨始能作报，谅之，谅之。

可笑述堂秀才不出门，居然有时“幸”而言中。其真渐渐有会于马恩列斯及吾毛主席之书，而有得于唯物论辩证法乎？非其所欲自知也已。《新证》可以改作，亦可以不必改作。此非和稀泥、骑墙论，乃辩证底唯物论也。何以言之？《新证》乃学者底书，而非无产阶级人民大众底书，正如大札所言，务

求详备，以资探讨。昨夕到高上座[①]处小坐，上座亦以为言。职事之故，不改为得。若曰著书立言期于完美，如近世所谓艺术品，则非改不可。窃意为学人方便计，不妨二版、三版乃至若干版，仍兹旧惯。如精力、时间、环境、条件俱能许可，必须大刀阔斧，收拾一下。（殿最去留当以雪老为主，其他有关于曹家者不妨痛删。）不过如此作去，尚是第二着，述堂至盼玉言能以生花之笔，运用史实，作曹雪芹传。（不须如冯君培氏之《杜甫传》，要如说故事、写小说，始契私意耳。）

雪老穷途落魄、寄居京郊、矮屋纸窗、夜阑人静、酒醒茶余、坐对云老、共伴一灯、横眉伸纸、挥毫疾书、一卷既成、先示爱侣：此时此际，此景此情，非吾玉言孰能传之？责无旁贷，是云云矣。抑更有进者，上所云云，尚不免落入旧时文人习气之泥塘。居今日而传雪老，必须留意其心理之转变。所以者何？《红楼梦》者，忏悔之作也，所谓悔书也，何悔乎？悔其少不长进，不独有辜父兄之望，亦且无以副脂粉之爱也。（注：此在雪老为主题，而吾辈治红学、写曹传之主题，却不在乎此。）至其余霞成绮、微波舞风、天才旁溢、运斤弄丸，乃如温犀照渚、禹鼎铸奸，黑暗社会、腐败家庭，崩溃灭亡，如土委地。列宁谓托尔斯泰氏为革命之镜子。镜子云者，无心于照物，而物之当前莫不毕现者也。托尔斯泰氏之崇古帝、之勿抗恶，岂有心于革命、特别是无产阶级革命者哉？惟其心平，惟其才大，惟其感实，故虽无心于革命，而革命底必然性

---

① 高熙增，字荫甫（父），顾随弟子，时执教于天津师范学院，后任中文系副主任。书中常以“高公”、“荫公”、“高上座”呼之。

之种子，早已孕育于其作品之中。至托尔斯泰氏亦多有“悔书”，则吾玉言自能知之，而不须述堂之言之也。而冈察略夫氏之《奥布留莫夫》一书，亦须作如是观，则更不须述堂之说，玉言早已自得之也。《红楼》之为不朽之书，亦若是焉则已矣。

《红楼》为雪老自传，时代所局，盛衰之际，焉能无感？此不须言。居今日而治红学，首须抉出此书之真实性，《新证》于此，前无古人。然而述堂责备贤者，正如禅门大师所言：“道则忒杀道得，只道得一半。”读《红楼》而感盛衰，是文大师所谓“你管得许多闲事”。治红学而震惊于曹书艺术手腕之高，此近是矣，而未尽也。曹书中之人物、之事迹，有供吾辈今人之参考、之借镜，此则红学之所以不可以不治，曹书之所以不可不读，而雪老之所以为旧社会、旧思想之一位董狐，而今日新社会、新道德之一面秦镜也。列宁之言曰：“旧社会之灭亡，有异乎病者之死亡。病人死，埋之而已。旧社会虽灭亡，而旧社会思想之余毒，方且仍流传蔓延而不肯随旧社会以俱死。”（此段虽用引号，实为意译，与原文尚有出入。特此自首，以免贻误。）是又曹书之所以不可不读，而红学之所以不可不治，而玉言异日如为雪老作传之所必不可不留意者矣。

吾迄昨日始读美法斯特所著《没有被征服的人们》（Unvanquished）一书竟。吾于美国作家向来蔑视。于阿伦坡、惠特曼，稍有恕辞，而又未能尽读其篇什，特人云亦云，未欲轻之而已，无所谓欢喜赞叹，心悦诚服。读法斯特氏此书，始自觉向来真轻量夫“扬基”（yankee）也。法氏写华盛顿由资产阶级士绅，出入生死，旧日以死、新日以生；且由懦庸、忠厚，逐渐蜕化、生长，成为自由之战士、革命之英雄，愈寻常，愈伟大；愈卑俗，愈雄奇。将来玉言为曹传，不当如是耶？不当如是耶？

复次，欲为曹传，首先作一番准备。玉言于文事，笔扫千军，眼铄四天，然而山不厌高，水不厌深，述堂忝居一日之长，窃拟代立戒条：嗣后行文，为文言，决不可夹杂语体之字面、词汇、文法、修辞，务使其骎骎不懈而及于古。唐以后人无足法，魏以前人难为法，斟酌尽善，六代尚已，《雕龙》一书，尤须时时在念。至为语体，即力求其接近口语，非万不得已，决不用文言之字句。于此，亦不得以鲁迅翁、毛主席之作为借口。要以鲁男子之不可，学柳下惠之可。至于语体文之句无剩字、字无剩义，不仅如作五言律，使四十个贤人着一个屠沽不得；不仅如填小词，周中规、检中矩，而且遗貌取神，以散为骈，遣词造句，一以刘彦和氏之书为准。玉言精于英文，过述堂十倍、百倍而未已。当以英语为文时，脑中岂复能有毫发国语矩矱？准此，当为语体时，即尽忘文言，亦未始匪可。顾祖国语文每有联系，实难于判若鸿沟，不能恰如国语之与英语，但行文时，却不可不刻刻提高警惕，勿令其胡越一家、鸟鼠同穴。嗟嗟，文学之修养、佛家之苦行、文字之运用，大匠之规矩，今世之人，或并不知有此事。知有之矣，而又盲人瞎马、南辕北辙，若之何而可也！纵笔至此，轶出题外，吾意未尽，再赓前说。国语英语，根本有差，固已，然至于修辞之精、选词之慎、谋篇之密、行文之美，又自有其不谋而合者矣。此无他，文事无二事，文理亦不能有二理而已，而况乎文言之与语体也哉？吾上文所言：语文二者互不相犯，此在吾辈学文作苦行时，要是不得不尔。及乎修养成熟、工夫邃密、事理不二、融汇贯通，譬之瓜熟蒂落、水到渠成，前呼后拥、左宜右有，方皋相马，有不自知其为牝牡骊黄者矣；而吾辈文士，顾乃有于心头眼底、纸上笔端，尚存文言白话之分别者乎？然此则陆士衡氏所谓“他日殆可谓曲尽其妙”者，而匪所论于吾辈之今日。述堂于是不欲不勉，玉言必不河汉斯言。至于述堂解放前行文每每语文杂用，作语录体，纵非“年老成魅”（“年老成魅”语出《楞严经》），亦是《聊斋志异·八大王》篇中所谓“潦倒不能横飞”者。不足为法，当然更不可为训。谨此自首，并作忏悔。玉言察焉。（十四日写至此页）

右十四日上下午所写，昨日以读《金星英雄》不能释卷，下午座上有客，散去后时已入夜，遂搁笔竟日。今日晨起，天阴如墨，寒气砭肌，坐室中，初着木棉裘不能支，改着驼绒袍仍不暖，复换羊裘，虽觉腿冷，无可如何，只好坐待暖气锅炉之生火。下午系中有会，曾通知出席，恐会散后亦不复能作书，然欲言者未尽，需明日另纸书之，姑识此数语，以当小酌。

述堂白　十一月十六日上午

闻人言都中已落雪矣，此间今日遂已开晴，想不至变天也。

十七日早

《新证》为人借去，至今尚未见还，遂亦不得作二读。

刻只存两枚八百元邮票，即贴于函面，明日到收发室交邮。如罚欠资，只当挂号。

十九日灯下

吾苦臂楚，故作字时时有败笔。然此札用笔结体间有可看。玉言以为奚似？

今早披裘罩粗呢道袍外出买果子，收到惠寄马笺三百个，谢谢。（放翁诗："箧有吴笺三百个，拟将细字写春愁。"兹述堂有马笺如放翁吴笺之数，那有春愁可写，除与玉言写书外，当尽用之修胜业耳。）将来大驾北检，不妨多带些来，以备日后使用。

《新证》美不胜收，所恨急切未能细细地从头理一过，多为言兄助喜。但私意时时以为此喜天下之公，有目者所共知共见，正亦不须述堂之助耳。（如其无目，斯亦爱莫能助了也。）惟比日颇有一点小小感想，不忍不说似玉言。曹家系出包衣，雪老父祖职居织造。包衣者，奴才，《新证》考之綦详，此不须说。若夫曹家之为织造，实兼三差。如字解，"织造"，一；至曹寅，则清客，二；同时又为满洲主子之密探、之特务（之爪牙、之鹰犬），三也。是故曹家之煊赫奢侈，不独有其经济上地位底关系，实更有其政治上地位底关系。然则荣宁二府之乱七八糟、乌烟瘴气，固自有其由来，几见狗腿子之家而能世泽绵远者乎？将来玉言如传雪老，能酌采鄙见否？余文更详"眉上"[①]。不欲强玉言之闻一知十、举一反三，要是述堂之知

① 即下面"度康熙在位时……"一段文字，原补于信纸上端。

无不言、言无不尽耳。

述堂拜手　廿日上午

度康熙在位时，各省官吏中必多有如曹氏其人者，此专制皇帝所以统治人民之工具也。是以康熙帝之于曹家，极尽其照拂；换言之，即极尽其豢养之能事。《新证》页四百十引五十七年折批曰“尔虽无知小孩，但所关非细”，又曰“可以所闻大小事照尔父密密奏闻”云云，可证吾言之非妄下。度玉言若再细心爬梳，所获自当更多。及乎胤禛继位，则别有其爪牙与特务矣，李家、曹家与胤禩、胤禟有连，以胤禛之阴毒猜忌，曹家如何能安于其位？龙袍绣帏之批，势之所必至矣。

一九五三年十一月二十一日

周子玉言用陈寅恪《题吴雨僧红楼梦新谈》之韵，自题其所著《红楼梦新证》，录示索和，走笔立成

宝玉顽石前后身，甄真贾假怀苦辛。下士闻道常大笑，良马鞭影更何人。午夜啼鹃非蜀帝，素衣化缁尚京尘。白首双星风流在，重烦彩笔为传神。（杜诗“与子成二老，来往亦风流”。）

和意未尽，再题

披沙文海漾微澜，俗士何从著眼看。昆体郑笺真漫语，镜潭明月两高寒。当年西晋推二陆，今日吾军有一韩。无寐倚床读竟卷，摩挲倦目起长叹。

和缉堂迓《新证》问世之作

老去何曾便少欢，未将白发怨衰残。一编新证初入手，高着眼时还细看。

联床听雨岂常欢，老屋深灯夜未残。君有四兄我四弟，敬亭何日两相看。（缉堂是玉言四兄，家六吉则述堂之四弟也。）

同玉言诤某氏

三十年前一老雄，证却施书（谓《水浒》）更说红（《红楼梦》也）。泥牛入海无消息，薄雪争禁晴日烘。

和足缉堂来句之作

剖分众伪见诸真（《法华经》曰："此众无枝叶，惟有诸真实。"），开国文坛见若人。旭日曈曈初张繖，辉光此际是侵晨。

和缉堂兼赠玉言

才气纵横忧思深，笑君心事半晴阴。人海非无拍天浪，几见神州曾陆沉。

玉言于《新证》出版之后，寄来新诗七章，决意尽和，但不拟即和。昨日上午发长函，下午睡起茗饮，诗思忽如泉涌，一小时许便尔和竟。诗虽俱不能佳，然急滩头下水船，平生为第一次也。非玉言、非《新证》，述堂不至于斯也。

一九五三年十一月廿一日灯下录稿　述堂

一九五三年十一月二十二日

玉言贤友如晤：

廿日上午已有长函寄奉，下午睡起，和得贤昆玉诗七章，昨已另幅录出，（录稿有余幅，不为补充，留待玉言加批，他人只足以跋尾耳。）本可以不再作书，惟关于《新证》尚有欲言，故复草此一纸。

《红楼》行世之后，仿作者大有其人，钻研评论者更如积薪，至于断篇零稿、随笔涉及亦数见不鲜，不独不能为曹书重轻，而道听途说、揣籥叩槃，适足以乱人耳目、聋瞽后昆。兹之《新证》，虽小涉出入，而大节无亏，读曹书、治红学者得此，譬若拨云雾而见青天矣。其于玉言不当尸而祝之、社而祭之乎？曹书之史实至是而大白，然曹书之价值犹未论定，此则更有待玉言之贾余勇竟全功也。

前书谓曹氏为满洲主子之鹰犬、之爪牙、之密探、之特务，后二者即不无，前二词实不妥，当云“耳目”始得耳。旧社会中凡居高位掌大权者（即校头子、系头子亦胥然已），无不有其豢养之特务与夫密探。帝王之信用阉，与家长之纵容婢仆，坐使残害忠良、离间骨肉、混淆黑白、挑拨是非，始也视为腹心，继而尾大不掉，终焉国破家亡。前者不佞只见之载籍，后者即耳闻目睹且身历之。廿岁后怕看《红楼》，此其一因。书至此有余痛焉。纸短不能尽言。蜀天阴寒，诸维万万自爱。

述堂和南　十一月廿二日午

一九五三年十一月二十四日

连发长函与拙作和诗七章，此际想俱已入览。诗殊不能佳，殆所谓“拙速”者欤？夫“速”未有不“拙”者也。然自四十岁后，发愤重新学诗以来，每有所作，冥搜苦吟，未成之前，腹稿已再三琢磨，写出之后，涂改至不可辨识。若其文不加点，一挥而就，虽非鬼工，亦如神助，则此七首拙作，在不佞与玉言文字因缘史上，不可不大书一笔者矣。昨日草草发出马东篱《汉宫秋》剧本附注，交给师院文印科，备下周上课之用。今日甚觉清闲，早起天阴，坐“暖房”中，乃作此书。（书房中暖气极灵，只着短服，仍觉燥热，不可说是“寒斋”

也。）七诗原稿已付高公，而高公又于百忙中临一过，兹寄去一看。前已寄上自录稿，此本可以无须再寄，终于发递者，结此一重公案而已。

昨夕枕上，复随意翻阅《新证》，始悉玉言已有曹家是满洲主子“耳目”之言，要是眼光四射，物无遁形，佩服，佩服。不过此刻尚有小小意见：《红楼》一书，文字华瞻，高出一切说部之上，惟风骨未遒，立意不高，乃其大病。玉言于此，或将摇头。不佞尚未得见脂评真本曹书，冒然下断，或有偏差，但自信不至大错。《新证》六百五页曰：“一句话，代表着一群受压迫受迫害的不为人所齿的小人物阶级，在改变了社会地位关系之后，重来和过去的统治、压迫者算帐。”述堂于此一句话，半肯半不肯。肯者，吾辈今日读曹书，正当如是读；不肯者，雪芹当日的的确确忠实地写此一般小人物，然而决不是为算帐。（深文周内一下子：此算帐是小人物争取而得来者乎？如谓小人物为“趁火打劫”，则曹家丁此之际，为“没兴一齐来”耳。孟子舆氏所谓“亦运而已矣”。运者何？自发的而非革命的也。）要写算帐，须是作者完全站在小人物底立场上。历史局限、阶级不同，雪老决不可能觉悟到如此地步也。雪老之如是观、如是写，其意识只是“积不善之家，必有余殃”。同情于小人物即不无；而其主旨仍是前车之覆、后车之鉴，欲史席常履存者知所戒惕而已耳。试看秦可卿死后，鬼魂向琏二奶奶托兆所说的话，便可知之。这一段话，不是可君其言也善之言，乃雪公心中之言，而托之于蓉哥儿媳妇者也。问：何以托之可君而不托之别的女性？曰：可君一无可取（婉媚而外），雪公余情不断，不觉遂向伊人脸上搽粉也。雪公自有其阶级，彼未尝不痛恨并且诅咒此阶级，却未尝不低回流连于此阶级。曰“暴露”则诚有之，“推翻”则未必，即曰目睹其灭亡夫然后快于心亦不可能。尊意云何？

廿四日写至此

恐信过重致兄受罚，故高公所录之稿终于不曾寄出。好在诗已见过，无须夜眠不着耳。

大驾北返事有何进展？此时殊不愿强玉言来津矣。赴京专心著述，于玉言身体性情俱合适，报国为民之日正长也。倘玉言曰：众生有一不成佛，我誓不成佛。即请玉言打包，同作苦行也。言短意长，如何可说！

一九五三年十二月六日至二十二日

玉言贤友史席：

前数有书嘱写曹雪芹传，比又以为此事殊非易易。所以者何？《红楼梦》一书即是雪芹自传故。若写雪芹之下半世生活，则又深恐史实材料不够丰富。不过此事须听取玉言意见，述堂管中窥豹，难于解决问题耳。即如鲁迅先生之名，在今日亦已妇孺皆知已，而至今尚无一本可看之鲁迅传。太史公作《项羽本纪》，是天地间有数文字，史实之真确性，一任史家去寻行数墨，述堂不与焉。若其颊上三毫、传神阿堵，马迁之笔，一如杨小楼大师之戏，能使百世之上、九泉之下之楚霸王与后人睹面相逢，斯之所以为不朽。此有数因：一者，笔健，史公之行文正如重瞳之叱咤；二者，大处一丝不走，小处随手点缀；三者，笔端时时流露感情，特致其高山景行之意；四者，史公自身亦是一位霸王也。（此“四”与前“一”复。自评）有此四者，人与文、作者与书中英雄是一非二，而读者乃能亲见作书之人与夫书中之人。今世顾焉得有人如是作鲁迅先生传哉？述堂不老衰废病，且拚死为之，或可仿佛万一，而今则何如哉？

吴小如、高名凯合译《巴尔札克传》（新文艺出版社版，中国发行），（Stefan Zweig：“Balgac”. The Uiking Press，New York. 1946.）可一看。祝

健康

顾随拜手　十二月六日午刻

六日写得一页纸，词不达意，懒于发递，不料积压至今，忽忽便已半月。学生实习结束，每周三节课，虽不至疲于奔命，而下课之后，诸事俱懒，大都余时皆欹枕看译本苏联小说，益疏笔砚。是之间初得手书，说为雪芹作传，一恐史料不足，二恐身非怡红。前一点确是问题，须徐徐图之，若第二点私意以为玉言过虑。太史公作《项羽本纪》，或自命为重瞳，若作《汉高纪》，岂肯自居于泗上亭长哉？然《高纪》之成功并不在《项纪》下也。鲁迅先生之非Q老固矣，然又岂害《阿Q正传》之震铄古今、流传中外也耶？且居今日而传芹公，必须站稳现在立场，作者于书中之主人公抱否定之观念始为得耳。玉言于此，于意云何？是故大札所谓身非雪芹不足以传雪芹，谨慎过当，著勿庸议可也。

继又得大作《题七诗后》七律一首，诗工稳，嫌气弱，其玉言比来体力稍有亏损与？抑述堂之神经过敏与？第七句私意尤不喜，亦非谓不许作如是说，只得说得不足以服人。所以者何？力不足故。拟改作“鸣琴已得知音赏”或“朱弦未为佳人绝”，此两句子实亦不佳，但音节较为亢爽而已。玉言之诗词每每病哑，记得未出京时曾有函言及之。述堂至今尚不能悉此病之来源，亦不能说出何术可以医疗此病，意者述堂之感性认识尚未发展成为理性认识乎？至拙和七律第二首复“起”字，玉言谓必须更易一字，是极，是极。惟“荡”字不甚惬，卑见拟定“漾”字，“荡”与“漾”义本相近，甚或可通，惟“荡”字声音猛促，不如“漾”字之飘渺夷犹有风行水上之意，是否？又，和缉堂七绝“人海非无拍天浪”一句子失粘，此处不得藉口拗句以自文过，势须另拟，再四推敲，迄无妥句，姑定为“拍天浪起人海内”，何如？句甚劣劣，希费神代拟，即在原稿纸上点定为荷。

缉堂有书来，昨已作复。缉堂何校毕业？肯作中学语文教师不？此间王主任及南大李主任决意请玉言明夏北检，千祈勿拒。在马场道[①]，在八里台[②]，请兄自定。疲甚，字画文词皆草率不可看。此颂

玉言贤兄冬祺

顾随拜手　短至日[③]灯下

---

① 马场道：谓地处此路的天津师范学院。

② 八里台：谓地处此路的南开大学。

③ “短至日”即农历二十四节气中的冬至，在公历每年的 12 月 22 日。

一九五三年十二月二日至二十五日

昨日下午睡起，兴致颇好，往游谦德庄人民公园，今日得一诗，录之后幅。

谦德庄人民公园听虎啸（十二月二日）

暮色冥漠中，万家灯火里。[①] 萧瑟集园林，车马咽星市。游人未言归，虎声时一起。初疑南山阳，激雷方未已。倾听乍寂然，匿匿犹在耳。见说气食牛，三日已如此（放翁诗：三日於菟气食牛）。况复两周年（虎生于五一年十一月），毛骨富生理。假使居深山，一啸当奚似。长松折劲枝，岗石坠涧水。狡兔走潜踪，妖狐自披靡。[②] 此间熊与狼（邻槛有此二物），蜷伏还侧视。

玉言兄正之。

述堂呈稿　十二月二日灯下

题拙和七章律诗一首已和就，见另纸。惟中复“古”字、复“楼”字：“望江楼下”四字可改“浣花堂下”或“锦官城外”；“古”字则尚无以易之，祈代为推敲。

廿五日灯下附记

---

① “暮色”二句对应页眉上方有“万家灯火中，暮色苍茫里”十字。

② “狡兔”二句对应页眉上方有“狡兔十字好删否？廿二日灯下”十二字。

一九五三年十二月二十五日

射鱼村人于《红楼梦新证》出版之后，曾有七诗见寄，述堂悉数和之，而村人复为长句四韵[1]题七诗后，因再和作

已教城市替山林，许子千秋万古心。青鸟不从云外至，红楼只合梦中寻。卅年阅世花经眼，十五当罏酒漫斟。遥想望江楼下路，垂垂一树古犹今。

一九五三年十二月廿五日　述堂录

适间作函时不独无和作之意，亦且不自知其和作果在何时。作函既竟，困坐无俚，玉言元唱适在案头，讽诵之下，如有灵感，援毫伸纸，竟尔成篇，随手录出，附函寄蜀。函中自云“疲甚”，今乃自忘其疲。玉言于此，试下一语。同日灯下，爱人来告饭中，草草记此。

---

① 函中附有“射鱼村人元唱”：“小缀（鲁迅先生《唐宋传奇集》后著‘稗边小缀’，今采其语）何干著作林，致书毁誉尚关心。梦真那与痴人说，数契当从大匠寻。怀抱阴晴花独见，生平啼笑酒重斟。为容已得南威论，未用无穷待古今。”

一九五四年

一九五四年二月四日

最高楼[①]

微须不肖，祸延思想，赋此自解

君休怒，一怒祸难防。须记易谦光。凭君留薙原无碍，任他指责又何妨。更休题，鸡角角，狗汪汪。　　每日里、饱填三顿饭。何况又、无病身康健。论个短、说些长。安心自可行其是，出言岂得把（读若拜）人伤。劝先生，须养气，莫清狂。

家六吉在历下教书多年，亦颇有微誉。去冬思想检讨，忽及其须，六吉大不服，气愤之余曾有诗曰："管他娘的些闲事，老子决心不薙胡。"述堂闻之，大笑良久不能已，当即作一书

---

① 此词为顾随四弟顾谦（六吉）之作。

慰藉之。久未得其复书，私意渠当已忘怀，不意癸巳新正五日又得此词，想见不平犹昔。希兄赐和有以慰之，切盼，切盼！

述堂拜手 四日早

六吉通信处为山东济南新东门外第五中学，望兄直接赐函。会当再抄此词一过，寄正刚索和耳。

一九五四年三月十二日

玉言吾兄史席：

截至昨日，两奉手书，第一书说得砚并附诗。砚是吾家人所制，而渔人坐享已属可气，姑念红粉赠与佳人，援物得其主之定律，卅拄杖子今且饶过。第二书说来津毫无把握，不独可气，且复可恨；而又有长歌纪得砚事，一之为甚，岂可再乎？玉言何其昧于“贪人之前不可炫宝”之诫耶？

此书到时适高上座在小斋，当即与之一谈。高公谓周公来津无望矣：此时川大若坐扣不患无辞，师院之远聘将何所藉口乎？尔时述堂一闻此言，真乃分开八片顶阳骨，倾下半瓢冰雪水，嗒然如丧，木然如鸡，向之气之恨乃烟销云散归于无何有之乡也。晚饭后立访韩代主任，韩公固亦每见必询玉言何时北返者也，而适值外出，怅恨交并。后至高上座舍中一谈，仍然不得要领。踽踽归来，洗脚上床，展转反侧，思之，思之。玉言来书自谓信天，此时此际述堂亦惟有信天而已尔。今晨杨上座敏如[1]以琐事相访，乃又与之一谈，杨公谓玉言无术且不必却人民文学出版社之聘，至于玉言之到师院开堂，不独未为绝望，而且大有希望。为今之计，首先须与出版社取得联系，以协商方式合聘言兄北返。编辑工作不必常住都下，言兄尽可居津任教。且言南大有秦教授者，旧亦曾住津而兼北京科学院工作，事有前例，大可照抄。惟兼职只限教授，而言兄之到师院，名义为副教授，又天与而人归，灼然毫无致疑之余地者也。杨上座见地明白，当机立断，述堂会下有此公，何啻宗皋大师之有尼妙总禅师？述堂闻之乃如盲人能视、贫夫得宝，彼砚与诗更无一毫发芥蒂于吾胸中也。

至于大作，较之以往，突飞猛晋，风格一新；美中不足，须待细说，述堂今日不暇及此。诗亦不和，非曰偷懒，盖以示惩戒之意云耳。呵呵！敬祝

健康

述堂和南　三月十二日下课后草此

今日上午有两小时课，课罢归来写得两页纸，饭后睡起，重看一过，庄谐之间颇不得当。即如第一页后半第二行，“坐扣”一词，施之言兄，甚为不敬。记得年前来书，曾怪述堂每用“不讶”，于此不应重复“不讶”一番耶？又所用“恨”字“气”字，真所谓前言戏之耳。至杨上座之言，尚漏去数语未提及。杨公说，言兄如以兼职来此，则任课时间决不能超过三小时，科目亦只能是一门。述堂体弱，奔走为劳，杨公并自告

---

[1] 杨敏如，顾随任教燕京大学时的女弟子，时正任教于天津师院。

奋勇往与院方当局商量，是后进行一切事宜，当随时函告。手书既云信天矣，望即如是说，如是行也。至云此间诸公素与玉言无声气之通，今兹竭力邀请，胥是述堂所为，此则大谬不然。大著《新证》，众口流传，居今日之所谓文化人、之所谓文教机关，而不知有玉言，而不思相招致，乃真大怪事耳。促膝尚遥，笔札无由尽其万一。

又白　同日下午

一九五四年三月十四日

鱼兄：

前日发一书，想已递到。如今且说杨教务长在听了敏公汇报之后，昨日“下值”便亲来小斋面谈一切。现在此间正副院长都赴京开全国文教工作会去了，杨公定今日写书与两院长，嘱其就近与中宣、高教二部商洽，竭力争取鱼兄来师院。至于与文学出版社合聘，则尚是第二着。附带一笔，凡此种种，皆是此间出于自愿、自动，述堂丝毫不曾“借箸”。鱼兄于此，亦可看出吾院当局之如何其诚挚，压根不是述堂之说辞定鱼兄之轻重。此刻现在，鱼兄面对三个场面：一者此间力请；二者，人民文学出版社电约；三者，川大不放行。老兄，“您”信天不得了！最近的将来，便要图穷而匕首现，今言“摊牌”，老兄于此，势必当机立断，或留川，或赴京，或来津：务须坚决明白表示，三者必居其一，不得半点含胡。何时表示，须鱼兄自看机缘。假如愿赴京而不愿来津，即请速复，以便转告此

间当事人。万千不尽。敬颂

春祺

述堂和南　三月十四日上午

川大校方已有函至，内云决不能让鱼兄离去。

杨公又说，周先生“半聩”何妨？只要不半“哑”就行了吗。

鱼兄此刻，如仍侧重于编辑工作，述堂亦决不相勉强。总之，望速速作复说明意向。

同日下午

一九五四年三月十四日后

复次[①]，日前有书与令缉堂四哥论作诗，有云：“吾辈为诗，必须具有崇高之情趣与夫远大之理想。”且结之曰：“述堂于此，亦是喙长三尺，手重千斤。”喙长手重且权过，若夫前两句子，今天看来依然要得，不妨与吾鱼兄拈举商量一番。

大作得砚诗，包括绝句与长歌而言，修辞之考究，谋篇之细密，不特与众不同，且与鱼兄往日不同，此其可喜，夫何待说？然而细一按之，情趣有之，崇高尚远，至于远大之理想，将于何见之？然此是述堂所定标尺，不妨撂过一边，而且大可不必理会。以风格求之，尚在宋人以下，只是元明高手名士之

---

① 此函开头即道“复次”，而未见前页。

制作；或竟超高元明，然决不能闯入两宋，此亦且不谈。大作假若不署名，不纪岁月，述堂初未见其为一九五四年新中国诗人的作品也。“一种风流吾最爱，六朝人物晚唐诗”，最要不得，所以者何？非风流故。鱼兄于此，尊意云何？

述堂又白　同日上午

已说过不作语录体文字，此刻实忍隽不禁，好在述堂于玉言面前说了不算，已不止一次了。呵呵。

一九五四年六月二十七日

木兰花慢

得命新六月廿三日书，欢喜感叹，得未曾有，不可无词以纪之也。

石头非宝玉，便大观，亦虚名。甚扑朔迷离，燕娇莺姹，鬓乱钗横。西城试寻旧址，尚朱楼碧瓦映觚棱。煊赫奴才家世，虺隤没落阶层。　燕京人海有人英。辛苦著书成。等慧地论文，龙门作史，高密笺经。分明去天尺五，听巨人褒语夏雷鸣。下士从教大笑，笑声一似蝇声。

昨午得书，便思以词纪之，而情绪激昂，思想不能集中，未敢率尔孤负佳题。下午睡起茗饮后，拈管伸纸，只得断句，仍未成篇。今晨五时醒来，拥被默吟，竟尔谱就，起来录出，殊难惬心。逐渐修改，迄于午时，乃若可观。兹录呈吟政，想不至蹙頞攒眉耳。原稿一并附上，令命新见之，如睹老马不任驰驱，但形竭蹶也。

五四年六月二十有七日　糟堂

一九五四年七月二十一日

菱洲[1]兄大鉴：

入伏后想起居佳胜。前携去拙作《说辛词》[2]，玉言亟欲一看，来书屡以为言，不悉吾兄已录得副本否？希费神迳以原稿直寄京中为荷。暑雨蒸湿，牵动旧疾，连日颇苦骨痛。词一首是日前所作，附录请政。草草。敬颂

暑祺

顾随拜手　七月廿一日下午

贺新郎

得玉言书感慨不已赋此慰之

衰废何须说。任凭他、旁人指点，是翁矍铄。（校中颇有人说不似有病者）铩羽东归无意态，一只雨淋病鹤。甚也有、

---

① 菱洲：不详何人。此信想系“菱洲”转致周汝昌者，故保存于顾随致周的信函中。

② 当系完稿于1954年6月30日之《说辛词〈贺新郎·赋水仙〉》，已辑入《顾随文集》及《全集》。

孤松堪讬。见说鸣皋闻天上，更翻飞一举穷寥廓。还又似，横空鹗。　　廿年我是京华客。尽输君、如虹意气，平原入洛。挂锆出门无前境，管甚云头雨脚。且留意、千秋著作。去日东皇拂长剑，记红旗雪卷临荒漠。何处有，闲哀乐。

一九五五年

□缪钺 □辛弃疾 □戴月轩

一九五五年十一月十二日

川大缪公[①]有长句赠玉言，蒙玉言写示，循读再三，感而继作

目送堂前东逝水，始知无负此生难。力追日驭（与时间赛跑）心犹壮，坐俟河清（谓根治黄河水害与开发黄河水利计划）鬓已残。不分形骸隔长路，尚余诗句佐清欢。维新周命无穷业，万里江山待藻翰。

缪公之诗并非不佳，然未得谓之为现代诗家之诗。所以者何？虽属民族形式，而非社会主义现实主义底内容故。至于胎息古人已到何等田地，又在所弗论也。拙作亦力不从心：概念化，一；未能使用现代语，二也。然其大原因则在于无实际生活作为创作之基础，此一条件而不能具备，则虽技巧极其成

① 缪公：四川大学教授缪钺。

熟，情感极其真实，思想极其正确，仍不能写出现代诗家之诗，而况老糟技巧之尚未成熟，情感之未必真实，思想之远未正确也耶！凡此狂言难以语缪公，然不能不以语之玉言。曹子建有云："恃惠子之知我也。"

一九五五年十一月十二日午睡不成因识　糟堂

一九五五年十二月二十五日至二十六日

玉楼春

再赋全国棉粮增产，用旧所谓俳体

河流让路山低首。人力胜天凭战斗。涝时排水旱田浇，天没良心人有手。　　最高记录真非偶。堆积棉粮高北斗。一年高了一年高，有史以来从未有。

浣溪沙

病后体软，慨然有作

唯物唯心岂一如。病来久废读新书。填词枉是学辛苏。

垂老江郎才已尽，入山飞将气犹粗。阵前立马尚能无。

右小词二章，皆廿四日上午所作。《玉楼春》真所谓"俳体"，虚飘飘几如灯草，更无分量，反不如《浣溪沙》之沉实。于以知虽有正确之思想而无伟大之情感，譬如秋鹰，纵然细筋入骨，而无健翮劲羽，不能高举远翥也。言兄以为尔不？

述堂　廿五日灯下

《稼轩长短句》收《玉楼春》十七首，胡莱菔就烧酒，干脆之外更无余味，不如《六一词》中“春山”、“尊前”与翁“雪云”诸阕之沉着痛快兼而有之也。今兹不佞步武辛老子，自当更下一等耳。

小资产阶级知识分子个人英雄主义残余意识在八识田中根深蒂固，佛家所谓“劫火烧之不尽”者，稍一走做，便露马脚，思想改造工夫何可放松也。

“劫火烧之不尽”，殊不妥，大似宿命论者之言。此当云“野火烧不尽，春风吹又生”耳。

同日又记

笨贼落网，供出窝主，适成其为笨贼而已矣。

次日自评

一九五五年十二月二十六日至一九五六年一月一日

木兰花慢

病中几于日日理稼轩词，感题

义旗南指处，突北骑，上江船。甚抚剑登楼，翻成游子，拍遍阑干。词编一十二卷，是南山射虎响惊弦。落地得辛为姓，居家以稼名轩。　　村边黄犊十分闲。恰对夕阳眠。更一片蛙声，中天风露，半夜鸣蝉。堪怜此翁不见，有丰收记录达空前。更要层楼更上，明年高似今年。

稼轩《永遇乐》词《戏赋辛字送茂嘉十二弟赴调》有云“千载家谱，得姓何年”云云。“高似”犹言“高于”，凡言“大似”、“强似”、“胜似”等，准此。“似”，上声，读若“死”。辛老子以“稼”名“轩”，因自以为号，盖始于定居江西时。心折渊明归田躬耕，亦其一端。然集中词如《鹧鸪天》之“却将万字平戎策，换得东家种树书”，《行香子》之“却休殢酒，也莫论文。把相牛经，种鱼法，教儿孙”，尚不免出于愤慨；《临江仙》之“花飞蝴蝶乱，桑嫩野蚕生”，《鹧鸪天》之“陌上柔桑破嫩芽。东邻蚕种已生些。平冈细草鸣黄犊，斜日寒林点暮鸦”，又“千章云木钩辀叫，十里溪风稏稏香”等等，亦止于客观佳句；至若《满江红》之“春雨满，秧新谷。闲日永，眠黄犊。看云连麦垄，雪堆蚕簇”，《鹊桥仙》之“酿成千顷稻花香，夜夜费、一天风露”，《西江月》之“稻花香里说丰年，听取蛙声一片”，虽与农民未能同甘苦，而能共忧喜，不能以“子非鱼，安知鱼之乐”难之。千古诗人唯陶公之“平畴交远风，良苗亦怀新”、“侵晨理荒秽，带月荷锄归”高居上头。所以者何？实践胜空想故，参加胜旁观故。少陵生丁乱世，满目疮痍，戎马生郊，农村凋敝，绝叫“千村万落生荆杞”、“禾生陇亩无东西”，不能有此田家乐也。时代所局，诗圣于此，不得不让词英独步。故为不为与能不能之间，又不可以不辨耳。

一九五五年十二月廿六日　述堂又识

廿六日写得两纸，适高公讲辛词，正作总结，因与之以供参考。连日有琐事，兹始得重写。

除日记

戴月轩笔，只好写清朝殿试对策大卷耳。

元日又记

一九五六年

□抒情诗 □讽刺文学
□不可俗 □知非
□纪念鲁迅先生逝世廿周年

一九五六年一月一日（一）

水调歌头
一九五六年献辞

南下指沧海，西上抵荒遐。工农兄弟合作，变革旧生涯。岂止从无到有，更要天长地久，时刻有增加。规划到全面，领导不偏差。　　接年头，辞岁尾，望京华。分明全国心脏，红日灿朝霞。六亿人民崛起，一个巨人形象，险阻没拦遮。插手补天缺，黄土变金沙。

五五年十二月廿七日稿。五六年元日重录。

浣溪沙

赠通县某农业合作社农民号“老来红”者

一自翻身大运通。人民自作主人翁。丰收全不靠天公。
五十娶妻还生子，三年入社不餐风。老牌真正老来红。

重字之多仍借辛老子词为遮羞。
五六年元日录呈言兄过眼。

顾随

一九五六年一月一日（二）

去岁十二月廿五日书有云：新词有言，“但是知音，都属人民”，思断章取义，聊借此八字矛以攻盾。杀法利害，来者不善，禅家所谓“狭路相逢，劈面便掌”，不过，天不灭曹，纵到兵尽矢绝处，自有救援从天而降。言兄且着眼者，《伏契克文集》页七十《在伊·彼·巴甫洛夫的灵柩前》一文有曰：

他这个学者并没有把自己的科学局限在厚册巨著里，或者是实验室里。他的劳动成果深入到工人和集体农庄庄员的意识中。当然，千百万普通的人们还不能够深刻理解他的各种研究的过程，他们还不能够转述他各种科学论文的内容，但是他们每一个人却都了解：伊凡·彼特洛维奇·巴甫洛夫打开了自然界人体的伟大秘密：他帮助人认识自己，因而，也就使人变得更为坚强有力。[1]

是亦断章取义也。此复。并贺
玉言吾兄新岁延厘

顾随　元旦

刚公项上生疽，发烧不能上课。医说并非恶性，顷已退烧，并闻。

过年后便须准备出台，此后音闻当减少，先此声明。

在津两女子子与在京两女子子今日将碰头于师院二舍[2]。此刻出席者已及半数，大约再有一小时许，定可到齐。不佞不能继续写信矣。

一九五六年一月三日至四日

乳燕飞

吾有两女在津，三女居京。除夕元旦有

---

① 引文出自中国青年出版社 1955 年 11 月版《伏契克文集》，稍有出入，已据该本校订。

② 顾随住所，天津师院校内第二宿舍。

两女自京来津，其最少者已于去岁被吸收入党，于其行也，赋此词以送之。古有誉儿者，吾今乃誉女。

五十余年事。算何曾、胸罗万卷，路行万里。三客津沽身已老，旧学从头重理。愧伏枥、长嘶病骥。[1] 日日出门成西笑，望赤云天际峥嵘起。歌一遍，情难已。　　暮有弱女非男子。慰情怀、一堂聚首，年头岁尾。最小偏怜偏进步，加入工人队里。全压倒、老夫意气。战斗精神知何限，共春花国运韶光里。搔白首，悲回[2]喜。

此章上午谱就，灯下重录一过。至歇拍六字，乃觉大有悖乎社会主义现实主义文学之旨，其当改作“真个也，令公喜”乎？然又与前此风格不类，会当别拟。小词真不易作也。

一九五六年一月三日　顾随自记

“气”字韵先作“平添了、先生意气”，亦以原句为佳。

又记

改句实实要不得，不如仍旧贯也。

四日上午记

---

① “旧学从头重理。愧伏枥、长嘶病骥”数句，原为“负却当年壮志。纵长嘶、犹愁病骥”。写定后又作如上修改，并在信纸上方空白处注明“六日所改”。

② “回”字先作“还”，后改为“回”。

“还”、“回”本同义字，然词曲中之“还”多为“还又”字，其在现代语中尤然。为避混淆，改易为“回”，实不如“还”字发调。

四日下午

南歌子

荒漠乌金溢，高炉铁水翻。凿穿爆破复钻探，试看车行飞过万重山。　　故国三千岁，浮生六十年，无人热火不朝天。[①] 敢惜镜中霜鬓与华颠。

苏联人谓原油为乌金。

南乡子

题《人民日报》所载四川郫县某农业生产合作社七十一岁老农民像。老人犹能参加劳动，且请人为记工分也。

岂只笑颜温。炯炯双眸更有神。试看七十零一岁，工分。犹自辛勤不让人。　　谁道老残筋。子子孙孙孙有孙。填海移山无尽业，人民。永世金刚不坏身。

---

① “无人热火不朝天”一句，原为“人民热火正朝天”，写定后又作修改，并于信纸上方空白处自注“六日所改”。

今日枕上口占《南歌子》一章。起床后见天色如墨，点心茗饮后甚无意趣。女子辈已于前日各就岗位，独坐窗下，颇寂寞，复吟成《南乡子》一章，写奉言兄一看。

一九五六元月四日　顾随

“试看”七字拟改“七十高龄心力壮”。

一九五六年一月六日

水调歌头

一九五六年献词

南下指沧海，西上度流沙。工农兄弟合作，变革旧生涯。岂止从无到有，更使天长地久，时刻有增加。规划到全面，领导不偏差。　接年头，辞岁尾，望京华。分明全国心脏，红日灿朝霞。六亿人民崛起，一个巨人形体，险阻没拦遮。山岳为低首，铁树要开花。

浣溪沙

赠通县某农业生产合作社农民号“老来红”者

一日翻身气势雄。人民自作主人翁。丰收全不仗天公。

五十娶妻家未立，三年入社运方通。老牌真正老来红。

右二词已写奉，今日大风中独坐，因复改定，再录呈一看。言兄以为何如？

顾随　六日灯下

重字太多，顾不来，遂亦弗顾已。

同日又记

前寄去之《减字木兰花》第八首中过片，“见说周郎曾顾误”之“曾”字，拟易作“知”，如此方能极双关之妙也。“解”字更佳，惜失粘耳。

一九五六年一月九日

抒情诗之作，诗人所以抒写个人之喜怒哀乐，然决不能脱离叙事、写景，甚至说理。屈子《离骚》、杜老《北征》其显例也。此外，即不含有说理部分之抒情诗，亦无不有其说理之成分。所以者何？理者思想，而诗人不能无思想故。玉言自了，无烦举例。粤在古昔，悲怆、怨慕、愤激、慷慨之作，最足以引起读者之共鸣。所以者何？不合理底社会制度之下，大多数被压迫、被剥削之群众，无不有其悲怆、怨慕、愤激、慷慨故。洎乎现代，且不必说经济基础既已改易，上层建筑必然变更，即如人民当朝，治理天下，则所谓悲怆、怨慕者，举已乌有；即其愤激、慷慨，亦别有原因，别有对象，大异乎旧时。

抒情诗人苟其不能深入群众，感群众之所感，言群众之所言，则固已自外于时代，自异乎人群，其所作将复成为何等作品乎哉！于此，更不须举社会主义现实主义之原理以绳之也。词属于抒情诗，表现作风、创作途径，自当无以异乎上所云云。

不佞一病，身心两方损失匪轻，惟于作词，小有进益，或可谓为塞翁失马。至于词之形式是否宜乎今之创作，又别一事矣。此上

玉言吾兄史席

顾随拜手　一月九日上午

刚公项疽已愈，自上周起已登台，适间到寒斋来，说元气仍未恢复，然病已去身，可无忧耳。言兄比何如？过年后未得手书，颇念也。

明日起上课两周，每周六小时，补缺课，赶进度，暂时间恐不得作书矣。

一九五六年一月十五日

最高楼

读宗子度《到拉萨去》，因题（一月九日）

车行处，迤逦入高原。翻看雀儿山。雁飞不到猨难度，下临无地手扪天。透云层，穿雪壁，绕冰川。　一队队、

牛羊青草里。几处处、城乡平地起。添气象、布人烟。大家庭内多民族，自从解放得团栾。看仙虹，天外起，落人间。(藏族谓“虹”为“仙虹”，且以之为幸福象征。)

无实际生活经验，而第二手材料又不足启发灵感，譬之冷饭化粥，饭已自不佳，粥更难得有味也。

金缕曲

寒天尘霾中水仙怒放，因赋（十四日）

何处昭君里。望荆门、群山万壑，平沙远水。脂粉嫌它污颜色，眉捧宫黄额际。浑难伢、山矾是弟。零落夫容秋江外，更香销菡萏西风起。开不到，雪天里。　明珰翠羽参差是。问何堪、黄云堆雪，风沙未已。江北江南无消息，今夕魂归环珮。漫相看、香侵衣袂。白袷青裙倘依旧，共斑斑尘黦浪浪泪。花与我，两无睡。

言兄过目。

顾随未定稿　十五日所录

一九五六年一月十五日至十六日

玉言吾兄史席：

前昨两日，接奉两札，甚慰悬想。《采桑子》前片“年”

字、“前”字、“鲜”字三韵，脱口而出，情景宛然，此是填词最高艺术手腕。过片不独有做作痕迹，而且只有技巧不见情思。“嫁女婚男”似亦不切合主题，是不出奇制胜。老糟落后，良然，良然，至云手忙脚乱、白眉赤眼，即殊不尔。若云玉言之成就，即不佞之欢喜，此尚就两人交谊言之耳。“超师之作”，嫌于禅家常语；“后生可畏”亦是儒门馊话（何必畏，畏个甚底），惟有后来居上，乃是历史唯物论放诸四海而皆准底规律，若不如此，不独无进步，无进化，即人类之灭绝亦已久矣。（不佞于此忽然使出登台说法伎俩，言兄前何必如此？所谓习与性成乎？）然不佞之所以不赋公私合营，此则自有其主观底原因。生长农村，虽为地主，不无心肝，亦自能略知农民之甘苦忧喜。稍长学诗，便知爱好陶公及王孟诸家田园之什耳，因所习易于接收故也。解放后见苏联作家所作，描写集体农庄之小说，每每不能释手，而思想则所谓“鲁一变，至于道”，不复能与旧时同日而语矣。

五五年秋后中国农村掀起社会主义高潮，继又见主席农业合作化报告，前因后果、旧情新思，机缘凑拍，写之以词，遂乃一再再三，此在辩证唯物所谓有其必然性者也。若夫商业，则素所不会，故亦不喜。忆舍下旧时亦于城中、乡下，开设三数商号，顾每一涉足其间，便觉如鱼上陆地，不独举动不得自如，即呼吸亦觉困难。及长，每与戚串中经营贸易者会晤，未尝不觉其语言无味、面目可憎、居心卑鄙、宅情刻薄，即不能驱之门外，亦决不能与之周旋一室。今之商业社会主义化，自不宜与向日情况相提并论，然其不能激发述堂之创作欲，固无或改也。当否，自当别论；愿否，则决不愿。然则此时此际，放吾玉言走在前头，亦固其所矣。复次，即使是伟人，亦不能行尽世间好事；即便是天才，亦不能说尽天下好语，况夫述堂既非伟人，又非天才。祖国事业，日新月异、风起云涌，自身纵不甘居于驽骀，固亦早类乎病骥。急起直追，有心无力，难乎哉，难乎哉！若再举例以实吾言，（十五日上午写至此。今日点心前后连续写两页，亦如来书所云，至此精力已尽矣。）苏联当年文坛亦不免有此现象。斯大林生时曾于会上发言谓，有些作家正在计划，落后于现实多少才不算太落后。此乃“一掴一掌血，一鞭一条痕”底言语，而出之以和煦隽永，尔时在座作家闻之，亦不能不失笑也。今吾国作家知此诫矣，顾事业则超轶绝伦，而作品则瞠乎其后，是又中山先生所谓“同志仍须努力”者矣。不佞少小好为文章，老而弥笃，以语文学教师即不敢过谦，谓为作家绝不肯承当，禅家所谓不入这保社者，可以不在话下；况夫词之为体，又非面向大众之文学形式也耶？长语姑止是。

至大作《木兰花慢》一章，则过片为佳，前片为语言所累，不能运掉自如。然过片中亦有下字不当私意者：“万畦”之“畦”、“泼黄云”之“泼”是也。又，“春台更报阳春”，亦觉文不逮意。不识言兄以为尔否？篇末署“痛棒”，谦之太过。持近作两词以较刚公前作，实大过之。此由衷之言，非面誉也。

比已上课一星期，三日六节，虽能支持，总少余力。今日已写得三页纸，且阁笔。

十五日灯下

辩证唯物论者认宇宙一切物质在运动、在变化、在进步。社会主义现实主义文学家正依斯旨而创作，是故“去”、“来”、“今”际，最重者“来”，至“去”与“今”之意义，要在作家掌握二者之规律，以写来日之进步而已。不佞去岁杪两月中，于词最努力，较之以往，亦不得谓之无长进，然去社会主义现实主义之旨，尚大远在。

十六日晨

今日天阴，顿觉骨痛，明日有课，心存戒惕，即以此一纸为限——此未写信前所立私约也。

比思以词为讽刺作品，类若旧时所谓俳体，而意义之重大则远过之。新社会中种种落后分子可取作题材无论已。即如艾森豪威尔之咨文、杜勒斯之演说，皆绝妙底讽刺对象。世间居然有此等人作此等语，此等人又居然佔在领导国家底地位，此等语又居然公开地说向世界人民，旧话谓之“不可思议”，今兹只能说是资本主义社会制度底必然现象矣。《人民日报》每每载观察家评论之文，尚嫌其不够犀利，然写之以词则尤属不易。形式之局限尚是次要，问题最难者风格，一不可滑稽，二不可谩骂。前者易失之油滑，后者每成为粗野。一油滑，一粗野，便完全失掉讽刺文学之摧毁与揭穿底力量，亦遂丧失讽刺文学之意义与其作用。其在作者则须才华洋溢、天机骏发，缺一于此，鲜能有济。老糟既老且糟，言兄其有意乎？欲言者尚多，限于精力，只此而止。即颂

健康

顾随拜手　一月十六日上午

一九五六年二月二十三日

玉言吾兄史席：

人日次夕手札，今晨始接到。读悉近况，甚慰长想。“青草”十字，未之前闻，乡谚只曰“二月二拜年”而已。“青草”五字甚可爱，可以入词，兄谓尔不？节前为《天津日报》写得《艾森豪威尔的错觉》小文一篇，继之便是看考卷，甚觉闷损。除夕有两小女在舍守岁，其一是此间总医院住院医生，其一则老夫为赋《乳燕飞》者也。身长体衰，熬不得夜，更谈不到守岁，十点钟后即在书房内洗脚上床。节后又有两小女来，长女且携带外孙三人，亦颇热闹。自是至破五日，座上时时有客，酬对劳神，几于不支，势须休息，前后竟无只字，正与吾兄旗鼓相当。一笑。守白曾来相看，大约在初五日，坐谈一小时而去，留之饭，则曰，尚有家兄在戚串家相候云云。

津市成立作家协会分会，不佞竟被推为筹备委员会委员，事前亦未征我同意。去岁曾说“不入这保社”，如今说嘴打嘴了也。腰楚，甚草草。专颂

春祺

顾随拜手　二月廿三日　六十初度之辰

一九五六年一月二十九日至三月五日

黄山谷谓“士大夫可百不能，惟不可俗，一俗便不可医”。不佞弱冠时始知有此话头，嗣后时时往来胸中不能忘，不惑而后，涉世渐深，阅人渐多，益有味乎斯言。先君子性严厉，然出语极雅驯，每臧否人物及所不当意，亦只曰“某也俗”，顾未尝举山谷语，想未见之耳，如见亦定必拈出也。而不佞幼小时固亦已知懔此诫矣，然“士大夫可百不能”一语，不佞后来却断断乎以为不可。居常告诫子弟，必须有一技之长，可以谋生，可以养家，即锢炉锯碗、修理桌椅板凳，等而下之，挑水、担粪，亦无伤。而吾家正值盛时，弟辈虽闻此语，亦悠忽置之而已。抗战军兴，兵燹之余，家产荡然，舍弟辈流离困苦，有不能继饘粥者，平居未尝不叹不幸而吾言中。洎乎今日，劳动是公民天职，黄语之不能成立，夫何待言？所可取者，“不可俗”三字耳。顾“俗”之一字其意义又当作如何解释乎？旧日士大夫之所谓“不俗”，看花饮酒（一月廿九日上午）、登山临水、弄月吟风、寻章摘句，其大较也。上之愤世嫉邪、痛哭流涕，适足以自戕；下之玩世不恭、游戏人间，何补于生民？总而言之，直接底寄生虫、间接底吸血鬼而已。“不俗”云乎哉，此在君子道消、小人道长之际，或亦自有其不得不然者在，而以现代之世界观与人生观言之，其意义果在何等？卧龙之“不俗”在其六出岐山，而不在其抱膝长吟；彭泽之“不俗”在其躬耕南亩，而不在其采菊东篱，换言之，能以六出岐山，乃可以抱膝长吟；肯于躬耕南亩，乃许其采菊东篱，不然者，抱膝长吟、采菊东篱，其“俗”入骨不复可耐也。际兹社会主义革命已达高潮之日，真所谓小人道消、君子道长之时，明时盛世，亘古未有，事业发展，人心振奋，抱膝长吟、采菊东篱可以勿论，顾今之所谓知识分子之“不可俗”，犹夫旧时代士大夫之“不可俗”，且又过之。“俗”者何？一智自矜、一得自夸是，满足于已得底成就是，余类推，兹不赘；“不俗”者何？学习是，工作是，批评与自我批评是。

一月卅日上午

有周总理关于知识分子之报告，此真不必续写。

三月二日

星期一日雪后大风中按时上课，竟至中寒，连日四肢酸楚，至不可耐，昨日遂不得不告假。正刚来看，说吾兄得奖，病中闻之，欣喜无既。旧时政治制度腐朽黑暗，赏不足以为荣，有时且足以为辱；罚不足以为辱，有时且足以为荣。今兹则不尔，赏有功，罚有过，既属当然，亦且必然。以兄之工作而受奖，正在不佞意中，其欣喜复何待言？正刚又述兄近来健康情形，如头痛等等，不佞看来皆不是病，而是神经过度紧张所致，况且感觉锐敏、情感丰富，其结果必至于是，此或亦可谓为不佞经验有得之言。先儒谓“无入而不自得”，此或有语病；佛如来力诫其弟子“破烦恼恶”，“烦恼”而谓之“恶”，此语至有味，若马克思列宁主义之世界观与人生观，兄已悉

知，无庸絮话。头痛，草草。即颂
玉言吾兄健康

述堂白　三月二日灯下

邮票用罄，此书竟至迟迟不能发出。病仍不愈，今日又告假，甚怏怏。

五日灯下

一九五六年四月十七日

言兄如晤：

得手书已久，病、忙、懒三者交加，迟至今日，始能作复，然匆剧间仍不克言之详且长也。春假及其前后七八日间，上得六节课，又四次出席中国作家协会天津分会之筹备委员会成立大会与理事会，虽觉疲劳，而竟未添病，可以告慰。记得前此曾有书与玉言说“不入这保社”，今乃竿木随身，逢场作戏。述堂平生无一而不说嘴打嘴，而此次打得尤其响亮而清脆。伏契克有云，“生活中不可能有旁观者”，兹姑借此解嘲。不过中心实有感于文风之不振，思稍尽其绵薄，冀有补于万一，而培养青年作家尤惓惓不能去心。虽非登高之呼，已有闻风之应。此后恐更少余暇与吾兄作笔谈也。

所嘱两事，无以应命，主因在觅书不得，惭悚，惭悚。草草。此颂
著祺

述堂拜手　四月十七日

来书云“工作即生活，绝无作客思想”，大好，大好！大是，大是！此境界看似平常，实不易到。不佞来津三载，尚不能到也。大抵不佞票友习气太深，有时且近于游戏，事业、学问，两无成就，职是之故，思之慨然。

令受白兄通信处希见示。

六十初度，亲朋代为置酒，慰谢之余，并赋长句

少日常为父母忧，衰残六十得平头。诗名匹似羊公鹤，身老难矜孺子牛。举国一心成大业，千家结社事春畴。新来喜气知何限，多感亲朋更劝筹。

荫公来视余疾，谈次语及剑南《沈园》诗，翌日刚公来，复语及放翁《钗头凤》词，何两公之不谋而合耶？病榻无俚，咏而成篇

国仇家恨两难排，争得放翁怀抱开。铁马金戈徒谩语，斜阳画角易生哀。梦从破虏营中返，沈向沈家园里来。好把新亭无限泪，当春洒遍旧池台。

近中不复能为韵语，两律尚是初春所作，录呈言兄一看，

但非称意之作也。

述堂　四月十七日

一九五六年四月十八日

言兄再鉴：

月余来注射、服药、电疗，内外夹攻，健康似稍进。而前日大风，昨日落雨不成，今日又复沉阴，遂大委顿，筋骨酸楚，殆不可自聊。第六女于春假带病来津修养治疗，昨日始痊，今日下午便返京，适送之出门，归来上灯，独坐益觉郁郁不可堪。亦知此种情绪万不应有，而大半生小资产阶级文人习气，坚不可拔，加之衰废，不能自制，以致于斯，如何可说？

前书拈举“俗”字拟作详说，病体难支，戛然而止，所谓“书券三纸，不见驴字”。二月间病榻上时时背诵去冬所作词，初颇自得，继乃发觉篇中每每有俗句，于是回心内向，检点言行，遂乃发现自身充满俗气。“言为心声”，“风格即人”，人既有俗气，词焉得无俗句耶？以上所云云乃前此发书之本旨，未能完篇，转失本意，此刻仍不能细说，聊一发其端倪，吾兄当能自会之也。

邮花适罄，今日此函尚不能付邮，明日有课，后日政协开会，恐短期内不复有书耳。

糟堂　四月十八日灯下

一九五六年四月二十日

言兄三鉴：

昨日上午两节课，虽未声嘶力竭，亦觉衷气不足。下午小睡被扰，便拟写信，乃又有不速之客两人先后来，直至六时过，方得清净，然已不能动笔矣。政协开会亦以电话告假不出席。今晨近九时始下床，头晕耳鸣，虽云数十年之家常便饭，要自不易消受，适到医务室注射葡萄糖，归来烟茶之际，复作此纸，而昨所欲言，俱已云烟幻灭，难于再现纸上也。

小资产阶级文人之于小市民与单干中农，殆五十步之于百步，此其所以不能免俗，一如形之与影，形一日尚存，影一日不灭。古来避俗之士，上高山，入深林，与木石居，与鹿豕游，何救于俗？老糟自小不喜严子陵，山谷诗乃云“能令汉家九鼎重，桐庐江上一丝风”（记不真切，文或有误），真酸臭不可闻。严君平似当减等发落，以其卜肆尚设在成都市上故。旧读唐人诗，以为孟襄阳之“微云淡河汉，疏雨滴梧桐”、韦苏州之“落叶满空山，何处寻行迹”，高不可攀，今日看来，一场话靶。耳际蝉鸣愈甚，纸又已尽幅，即亦不能不止于此。言兄解人，定会吾意。

廿日上午糟三笔

欲医“俗”须深入群众，参加集体生活始得。欲以避世而医“俗”，南辕而北辙也已。

渊明老子，千古一人，不以隐士论，所以不俗，而钟记室乃以“千古隐逸诗人之宗”目之，固知小儿强作解事，不止昭明太子一人而已。

一九五六年六月十七日

玉言吾兄座下：

手书接到已久，精力疲敝时不欲草草作复，精力稍敷余，又有任务需要完成，是以迟迟至今始能动笔。然阴雨腰楚，又指腕木僵，亦只能作简答而已。兄比得静坐力，此大佳事，老糟于此道非不知不信，只是心浮气躁，不能身体力行。又三月来治疗颇得力，每夕即枕不十分钟便已入睡，黎明始转侧翻身，稍一定心，又复睡去，有时须八时方起床。平生最以为苦者是失眠，今既有此现象，便已心满意足，不复更作非分之想矣。五月杪写成《论艺术夸张》① 一篇，论文从王充、刘勰、刘知几说到布什明、那查连科，得万四五千字，顷又痛删一过，仍有万余字，日昨政扬②兄来，即令其携去代为点定，所恨不得吾兄一过眼。此间课事已结束，然六月中有几次会须出席，亦难得安闲也。此颂

著祺

顾随拜手　六月十七日上午雨中

---

① 此系《中国文学批评》讲义之附文，其中五千字曾刊于当年《河北日报》，后收入《全集》。

② 许政扬，号照蕴，顾随任教燕京大学时的弟子，时为南开大学教授。

兄自蜀返京，匆匆便已两年，前此来书曾云“工作毫无作客态度”，谅不独以京为家，抑且以社为家矣，但不识八识田中，尚有旧日登台授书之残余意识否？南开大学英语系停顿一年，顷闻暑后仍将恢复。据我所知，确有两位教授已出缺，其一作古，又其一已于去岁调京，皆不佞素识也。津师院旧有俄文系，暑后亦将扩大为西语系，大约英法文诸课皆将添聘教授。两校当事者，不佞俱可以说得进话去，不知吾兄亦略有见猎心喜之意不？但当今之际，各处俱苦才难，即使吾兄有意，社中亦决不肯放行耳。雨中独坐甚无俚，虽值星期，而亲友及小女辈无一至者。因复草此纸，聊当闲谈，无关宏旨。臂楚，姑止是。午后睡起或有兴当再写。

糟堂　十七日午饭前

昆苏剧团在京演出，轰动九城，《十五贯》一剧尤脍炙人口，所谓“一出戏救活一个剧种”者也。上月来津，盛况一如在京时，七十二沽间殆亦无人不说《十五贯》。第一日露演，不佞与高公荫甫受作家协会招待，即得大饱眼福，若夫耳福，则以重听不得不打折扣。然不佞之看戏，意殊不在听，此不独于昆戏为然，且亦以昆戏为甚。记得卅余年前在京师，每观孙菊仙、刘鸿声两大老之戏，听时未尝不过瘾，出场园每觉无余味，所以者何？有声而无色故。比重听较之卅年前加剧，故犹专意在看。《十五贯》剧中演员，各尽其才，各竭其力，更不消说，目所共赏、口所共赞、心所共识，则在王传松同志之娄阿鼠，手足面目，自顶至踵，一动一静，无处无时而非内心之表演，而非塑像与图案，“技也进乎道矣”，京剧中如王长林、萧长华皆在下风，李敬山、慈瑞泉更属自郐。惜乎！老鱼交臂失之。

同日午睡起作此纸

一九五六年八月八日至十二日

蘧伯玉行年五十而知四十九年之非；孔子则曰“加我数年，五十以学《易》，可以无大过矣”；稼轩词则曰“六十三年无限事，从头悔恨难追”；王静安诗则曰“人生过去唯存悔，知识增时只益疑”。右公案一，话头三，不佞廿余年来时时往来胸中。今日看来，蘧公最老实头，所惜文献不足，无从晓得此公所知者是何等非；尤其重要的是，此公知非之后，将采取何种行径耳。辛老子词家本色，一味感伤，不必深究。王静老太受叔本华氏哲学影响，怀疑之极，对于人生遂取虚无主义态度，令人读之不觉遂如“子野闻歌，辄唤奈何”，当今之世，行不得，行不得。倒是尼父能积极有办法，不佞疏学于《易》，无所知亦不识尼父为甚底要学《易》，学了《易》之后，又将作些甚底，但只看“可以无大过矣”一句子，此是何等精神？斯大林同志如知此，或可以不犯错误乎？

八月八日下午

苏联普里希文之小说，甚见重于高尔基，且誉之为“写作技巧已达到完美境界之作家”。其人生于一八七三年，不知今尚在人间否，然第二次大战后犹存。在其散文《北极蜜》中开端有云：“晚近我有一个心爱的娱乐在脑中，唤起一个过去的朋友的记忆，把它用现在的眼光来衡量。”又云：“可以用现代的眼光来衡量我们的过去，以资吸取经验教训。”（用陈良廷译文）后语或可为蘧公知非注脚乎？普氏此文作于一九五零年，顷则已近孔子“从心所欲不逾矩”之年矣。然所谓“吸取经验教训”者，必其人精力旺盛、心胸开扩、见地明确、意气骏爽，乃可以与语此耳。糟堂年来体气至不济，饱食终日，无所用心，便即面貌丰腴、举动轻快，脑力劳动稍一超过限度，病即随之，虽服药、注射、电疗，亦无济于事也。且所谓限度者，亦至有限，大约每日构思两小时，不能连续三日。思之气短。如何，如何！

八日上灯后复作此纸　手战稍缓

自五二年大病愈后，所写寄言兄诸书，殆无有如此书之不成片段者，既不能有所更益，又恐言兄悬念，则亦不能不发寄，除告罪外，更无可说。

八月十二日午后

一九五六年十月二十五日

【述堂近稿】

《闻角词》[1] 断手于今岁一月间，三月中复病，乃不能为词，嗣是而后，几于并韵语而忘之。半载以来，仅暑假中有北曲小令三章而已。自建国节起，以纪念鲁迅先生逝世廿周年起草《〈阿Q正传〉人物论》[2]，课事牵帅，进行殊缓，而院中黑板报编辑部来索稿，先后谱得词二章以应之。旧习发动，偃息及散策之际，随时感受，信口吟哦，又得二章，今辑录之为近稿。一九五六年十月廿五日述堂

木兰花慢

鲁迅先生逝世廿周年献词

揭来三十载，所爱读、大文章。有鲁迅先生，先之《呐

① 《闻角词》是顾随自编的第八种词集，收1952年秋至1956年1月间词作，大多刊于当年报刊，均系歌颂新中国、新气象以及自己病后又逢太平盛世的“谁道人生无再少”的情怀。未印行，稿已佚。至于词集名称之由来，《闻角词剩题记》中曰：“卅年前读尹默师《秋明集》，其《破晓》五律一首发端即日‘破晓闻清角’，甚喜之，至今弗能忘，固名吾词曰‘闻角’。角者，号角也。建设享业，云蒸霞蔚，一日千里，每读报未尝不鼓舞奋发，譬闻角声，号召前进。词名‘闻角’，是其义也。”

② 全稿已佚，今只存《论阿Q的精神文明及精神胜利法——读〈阿Q正传〉札记之一》，已收入《全集》。

喊》，继以《彷徨》。（起用旧句）悠扬傍河《社戏》，驾乌篷萧索望家乡。“日记”始于何日，“狂人”信是真狂。　荒唐礼教甚豺狼。《祝福》也悲凉。甚导致《离婚》，爱姑奋斗，枉自奔忙。茫茫一条道路，算阿Q孤独更堪伤。天上人间何恨，煌煌日出东方。

先生回忆儿时故乡生活之作，最富于散文诗意，《社戏》其一也。然正如先生所云，小时吃过的香瓜、茭白、罗汉豆之类，后来再尝亦不过如此，只留着鲜美的记忆而已。是以《故乡》一篇开端即说：“我冒了严寒，回到相隔二千余里，别了二十余年的故乡去。时候既然是深冬，渐近故乡时，天气又阴晦了，冷风吹进船舱中，呜呜的响，从篷隙向外一望，苍黄的天底下，远近横着几个萧索的荒村，没有一些活气。我的心禁不住悲凉起来了。”然所谓“萧索”与“没有活气”者，其时故国亦何尝不尔？此先生之心所以悲凉而不能自已也。《狂人日记》反对礼教吃人，发两千余年之秘，乃前古未有之作，唯有“狂人”始信其为“狂人日记”耳。《祝福》中之祥林嫂，终生为旧社会制度所蹂躏、所摧残，卒于众人祝福之日，投水自杀。若《离婚》中之庄爱姑，则较之为有战斗性矣，然屈于恶霸地主之积威，亦不得实现其志愿也。《彷徨》中写三进步知识分子：《在酒楼上》之吕纬甫终于屈服；《孤独者》之魏连殳终于自毁；《伤逝》之史涓生在丧失其爱侣与战友之后，仍思生活下去，而用说谎与忘却作前导，则其前途亦至渺茫——其病皆坐于孤军作战，同乎其为孤独者也。若《呐喊》中《阿Q正传》之阿Q，其无援助、无友朋，较之三人为尤甚，而其下场亦更惨已。

沁园春

再 赋

大好神州，近百年来，灾难二重。有吃人礼教，铜墙铁壁，殖民主义，亚雨欧风。所向无前，冲锋陷阵，大笔如椽鲁迅翁。身当得，是文章钜子，民族英雄。　何曾叹老悲穷。更不向当权一鞠躬。使正人君子，藏头露尾，帮闲走狗，哑口潜踪。世界流传，一篇正传，意匠回旋造化功。灵何憾，看人民六亿，丽日方中。

“冲锋陷阵”、“民族英雄”，皆毛主席《新民主主义论》论先生语。抗战前，日本作家每称先生为“鲁迅翁”，以表敬重。

贺新凉

深秋大风后散策体育场，见工字大楼已落成，其旁其前则旧岁所建“青年”、“幸福”、“劳动”、“建设”诸楼。因念工部因“茅屋为秋风所破”而有“广厦千万间”之叹，余乃自幸生今之世也。

千古骚人意。问何缘、当年曾说，悲哉秋气。万里江山哀摇落，异代萧条垂泪。算只有、浣花老子。八月秋高非不好，奈三间茅屋西风里。茅卷去，凉如洗。　床床屋漏何时已。更遥空、如麻雨脚，墨云无迹。沾湿长宵难教澈，念念心存寒士。又黄叶、纷飞飘坠。我比少陵多幸福，见万（万当为千）间广厦连年起。还更为，少陵喜。

鹧鸪天

困苦艰难两莫辞。山川满目耀奇姿。悬江夜雨初晴后，浴海银蟾欲上时。　将进酒，更吟诗。忙人不是不相思。明朝踏遍千峰顶，折得山花寄一枝。

十月廿五日灯下录竟
微雨初过，夜凉如水

贺新凉

以前作写似孙正刚。正刚有和作①，辞意殷勤，虽曰见爱，实乃过奖，步韵成篇，所以自剖。

多少凄凉意。最难堪、病躯包裹，一团生气。早信文章

① 《近稿》中此词之下录有孙正刚和作《贺新郎》一首：“说尽平生意。又当时、高秋季节，晚晴天气。千古骚人登临处，幻想风云相会。总输与、糟堂夫子。腹稿新来安排就，正神州、大业飞腾里。文物盛，甲兵洗。　尊前甚事情难已。一桩桩、从头细数，卅年遭际。挥麈谈禅今犹昔，逐岁更添佳士。几曾见、黄花能坠。清角惊回迷离梦，晓星沉、冉冉朝阳起。思往哲，涕还喜。”

传千古，懒入诗坛酒会。身兼作、雅人俗子。柴米油盐成家业，撚吟髭对影空斋里。衣可澣，恨难洗。　　大师有集名《而已》。是之先、一声《呐喊》，《彷徨》天际。闻道非迟勤行晚，三十年来“中士”。纵壮志、如今未坠。清角凌晨召前进，便闻鸡也拟中宵起。心总是，杂悲喜。

知学鲁迅先生近四十年，然所学者，语言文字边事，若其伟大之学识与夫战斗之精神，何曾学得一丝毫？老子曰“上士闻道，勤而行之；中士闻道，若存若亡”，有味乎其言哉！“彷徨天际”指《彷徨》扉页题词所引《离骚》中“吾将上下而求索”句。

前作第三韵本作“谁把深情体会”，录稿时改作“异代萧条垂泪”。

述堂记

一九五七年

□冯至 □大王法帖 □《书谱》
□石湖诗 □释迦牟尼
□隐士气和票友气

一九五七年二月十七日至十九日

【述堂近稿】

鹊桥仙

一九五七年元日试笔

犯霜侵露，冲风冒雨，几见谁曾言苦。人民富贵古来无，为万里、江山作主。　　大河让路，高山飞渡，更向自然索取。茫茫禹迹奋神州，到处是、黄金遍布。

木兰花慢

周恩来总理于去岁杪曾往访东南亚诸邻国，今岁初复赴苏联，此真所谓和平使者，岂徒外交使节而已，咏之以词，不尽万一。

使旌经动处，尊信义，睦邻邦。看夹路欢呼，彩旗飞舞，灯火辉煌。匆忙不曾席暖，划青空铁翼远遨翔。昨日南天风露，今朝北国冰霜。　　溟茫朔雪任飘扬。难减热中肠。有八亿人民，如兄如弟，非复寻常。豺狼砺牙露齿，算战争贩子漫猖狂。屹立和平堡垒，经天万丈光芒。

灼灼花

冬夜偶以事外出，归来得廿八字：“月星银汉耿交光，霜结寒条似发长。不道青灯明镜里，新来两鬓白于霜。”嫌其无谓，因增益其辞为《灼灼花》云尔。

夜静车声悄。月出霜华皎。云气微茫，光分强弱，星无大小。亘长空一道、烂银河，直垂垂宇表。　　不恨青天杳。犹爱人间好。积少成多，从无到有，人工天巧。任飘萧白发、冒寒风，也不知将老。

风入松

新岁喜雪

长街灯火敛余光。极目入微茫。霏霏空际如筛落，喜新岁、瑞雪飘扬。宇宙一团玉裹，河山万里银装。　　寒鸦堆墨点琳琅。冻雀懒飞翔。积肥蓄水乡村里，到冬闲、也自农忙。共说丰收在望，麦田一片金黄。

临江仙

六十一初度自寿

六十年前丁酉，呱呱落地啼声。孩提少壮老相成。一周花甲子，两鬓粲星星。　　古国四千余载，如今日日峥嵘。老人越活越年青。八周龄未满，还似日初升。

开岁迄今，疾病冗忙中得词五章，呈鱼兄过目。

古贝人　二月十七日雪后

词五首已另纸录出呈上，祈政。不佞比来作词与作字似俱有小长进。自愧平生悠忽，学问一无成就，假如而今而后，以残年余力专从事于长短句与临池，或可证一小果，而客观条件又万万不允许。教书是我专业，决不能放松，然而每逢罢讲归来，便发“啼得血流无用处，不如缄口度残春”之叹；尤其痛苦者，禅宗大师可以明说，老糟则只有哑子吃黄连耳。

大稿四篇已于月初交到《新港》编辑部，尚不知负责人作如何措置。高兄自京返，谈次说吾兄精神气力俱不坏，且案头积稿盈数寸许，闻之喜慰不可言说。转业事仍当徐图之，不佞不在话下，政扬、荫甫固未尝一日去心也。

老糟不知何时忽成忙人，只委员头衔便有三四个之多，若其他甚底甚底员，亦在三个以上，又欠下许多文债及报告债，年卅年初一债主尚不离门，以不佞之糟，何以堪此？此亦比来不能常与鱼兄作畅快笔谈之最大原因，兄当知之，兹亦不必求谅矣。

毛主席词定已见之，《清平乐·六盘山》一章内中如“旄头”字、“苍龙”字，当作如何解？希拨冗示知。此大似乞邻而与，万望高邻之不靳。又如《念奴娇》章中，截昆仑为三截，后乃云“一截遗欧，一截赠美，一截留中国”，兄又作么生会？（十八日午）

射鱼吾兄座下

顾随拜手　二月十七日雪后

津市昨晨八时许忽降大雪，为去冬所未有，已而风起遂晴。右札及词稿皆尔时所写，会饭熟乃搁笔。今日北风仍劲，顷以小事到系办公室一转，并赴卫生室注射，归来觉气促，又筋骨作楚，意兴颇不佳。昨所欲言不尽者，此刻亦不拟尽言。下午如得好睡，或再作数字，然亦殊难说。比虽不至失眠，而甚不安稳，年长睡少，其信然耶？春寒，望

兄加意珍摄

随又白　二月十八日午

小桃红

拟煤矿工人春节坚持工作写给爱人信

坐也难安坐。卧也难安卧。到底安排，完成任务，坚持工作。便结婚再一次延期，又有何不可。　飒飒风镐过。簌簌原煤堕。墨玉乌金，人家饭熟，高炉点火。我时时念你念人民，你时时念我。

立春后风雪继作，院中已开讲，而午后又时有客来访问，颇觉不支。今日幸无课，又无客，午睡偏又不成，坚卧至四时，展转反侧之际，得小词一章，塞翁失马，甚用自喜。灯下

录出寄兄一看，不知以为何如。节前曾自拟楹联曰：“胜业漫夸长短句，诗才终在二三流。”恨不得兄为写之，张贴楼前耳。

糟堂　二月十九日夕

一九五七年二月二十五日

【述堂近稿】

踏莎行

今春沽上风雪间作，寒甚。今冬忆得十余年前困居北京时，曾有断句，兹足成之，歇拍两句是也。

昔日填词，时常叹老。如今看去真堪笑。江山别换主人公，自然白发成年少。　柳柳梅梅，花花草草。眼前几日风光好。耐他霰雪耐他寒[①]，纵寒也是春寒了。

水调歌头

晨兴见树稼有感作

桥下卫河水，此际未消融。试镫早过，惊蛰将近尚冰封。前日晴天霏雪，纷似梨花飘坠，掩映夕阳红。昨夕结珠霰，瑟瑟落长空。　幂朝烟，拖宿雾，更迷濛。一番浪子心计，

① 句中“霰”字原为“风”字，誊稿后改为“霰”。

枉自号天公。俯仰琼楼玉宇，远近琼林玉树，人在玉壶中。桃李各沉默，无语待东风。

第一首是日前发书后所得，第二首则今日午睡起来写成者也。两词皆略有疏宕之致，不太似述堂平时手笔。言兄以为何如？但《水调歌头》之歇拍，人见之不将谓有所讽耶？

随　廿五日夕

不佞自评，如不是趁韵，充其量亦不过写实而已。

大稿四篇何必悔，俗谚曰“一不作，二不休”，此语至有味，唯私意未必能中编辑诸公之眼。比不能外出，亦无由晤及编辑诸公，但如竟刷落，则稿自当由编辑部寄还，且姑待之。默师书法论亦尚未拜读，闻此间系中有《学术月刊》，惟无心亟于取读，非不相信老师，只是觉得此事必须指画口授，至于文字，总有表达不出之苦耳。

和词具见之爱，愧不敢当；至就词论词，稍嫌有字障，此不需评说，兄自能会意。前寄拙作五章，兄不喜《木兰花慢》，具眼哉！外行人见之，多谓是合作矣。又，此章已由此间《新晚报》登出，想令受白未之见，如见又当录寄也。说主席词甚有当，何书之谦之甚也？不佞初亦疑“旄头”谓“昴星”，以下“苍龙”亦廿八宿中之东七宿故，（东七宿为“苍龙”，后来多说“青龙”。）兹依兄说，不复附会矣。臂楚，草草。即颂

玉言吾兄著祺

顾随顿　廿五日夕

适间并拙作写得两页纸，内子来告饭熟，遂草草作结。此刻是夜间九时，觉尚有余力，因再作此纸。

来书谓读主席词必于作时作地即革命史十分清楚乃可，知言哉，知言哉！（居然有人敢和主席词，金圣叹所谓“向释迦牟尼呵呵大笑”者也。）去秋曾置得何干之所编《中国革命史讲义》，虽能卒读，毕竟不满。太史公《史记》写项王本纪何等笔力，千载下人读之，觉重瞳公凛凛如生。今兹奈何以瘦笔来写巨人与大业耶？为之慨叹不已。再三吟诵“我劝天公重抖擞，不拘一格降人才”之句。比说主席词又数数，取何书作参考，其情聊胜无欤、抑饥者之易为食欤？又不禁再三慨叹也。

兄谓劣书大段是大令少阑，入右军亦不为多，太过奖，太过奖！右军远矣，大令亦何可及耶！比觉如真于此事致力，当仍学率更楷书或汉隶，至少是章草，假之岁月，或小成耳。明午有两小时课，今晚须早眠，不能尽言矣。

老糟　廿五日灯下

一九五七年三月三日至七日

满江红

女子子见予《水调歌头》而笑之曰：河坼已久，爸不出户，顾未之知耳。因复赋此阙以自解。

桥下长河，冰暗坼、流澌冲击。凝望眼、草芽未绿，岸泥溶湿。桃李无言应有待，垂杨泄漏春消息。甚飘飘、霰雪下长空，犹如织。　　凭积重，存余势。唯变量，能成质。漫和平难保，风云尚急。兄弟国家兄弟党，新生气象新生力。看旧时、社会旧残余，已无日。

十日前于报端见“兄弟国家兄弟党”七字，意甚喜之，欲以之入词，而久久不能成篇。连日阴云不开，霰雪交飞，病骨作楚，意兴全乖，偃息之余，乃得此解。前片多词家常语，后片大类教条，虽有合于格律，恐无当于情文，然述堂才力尽于此矣。

射鱼吾兄下棒

折臂翁呈稿　三月三日

清平乐

拟农业合作社中人语

说来可气。就是前年事。人叫我们穷棒子。说话不三不四。　　如今喜笑颜开。更加信心安排。旱涝总教增产，英雄不怕天灾。

今日下午到卫生室注射药针，护士以针头尚未消毒告，坐候良久，甚无聊，因填词自遣，此章即尔时所得——塞翁又一次失马矣。归来录出，言兄见之，不知将列入何等。前日所作《满江红》，昨日正刚来，看过之后，颇有贬辞，尤不满于歇拍十一字，谓音节不好，上两句已用重字了，此处不合再用，而且用意亦不免死于句下；而荫甫则大赞赏，以为精力弥漫。

“三人行，必有我师”，兹只争言兄下语矣。“文章千古事，得失寸心知”，亦殊不易说耳。

糟　五日灯下

说来可气。起首非容易。人笑我们穷棒子。成得什么大事。　　英雄不怕天灾。丰收全仗安排。一点养猪事业，也劳主席关怀。

“一点”再改“谁想”，“也劳”再改“直教”。

六日上午改稿

试日本制貂毫，荫甫所贻也。

平生于黄山谷诗，短时期间亦曾下过一段工夫，亦不能说无所得，于炼字、锻句上尤受益不浅。然终不能喜其诗，以为文胜于情，自成一家则有之，与老杜争胜大远在。不意不佞填词，比来乃大似涪翁作诗，瘦硬而不通神，倔强而又无力，才之短欤？气之衰而竭欤？正恐兼而有之。每读稼轩词与马雅可夫斯基诗，未尝不感慨系之。兰苕翡翠、鲸鱼碧海，或可并存，若夫骅骝开道、驽骀恋树，此岂可同日而语？

当代新诗人，四十年来只许冯至一人，此或半是交情半是私。比于《诗刊》见其新作，高出侪辈则不无，云霄一羽则尚未。鱼兄于意云何？社会主义建设事业之伟大，史无前例，乃竟无人焉写为诗歌以播四海而传后世，岂非作家之羞？糟堂衰朽，何足道哉！

六日复写得此纸

戴月轩所制大似神。

日间写得一页纸，此刻看来甚觉无谓。吾辈文人有两大患，其一愤激，其一伤感，有害且不说，一何其无用耶！此亦正可说无用即最大之有害耳。记得有一前辈说，身体不好便尔为善为恶俱都力不从心，此语加之别人不知当否，加之糟堂可谓至当而不可移易。

上月得杨敏如兄自京来书，云寒假中又读得冈查罗夫之《奥布洛莫夫》一过，自觉身上极有奥布洛莫夫气。当即复书谓奥布洛莫夫之于阿Q，倘不能说是半斤八两，亦可说是各有千秋，大多数人身上俱有此二公之气，但有底自觉，有底不自觉而已。薰习既久，扫除非易，何况不佞耳顺已过，暮气日深，依巴甫洛夫学说说之，则是大脑皮质松弛，渐渐不起抑制作用耶。

入夜精力益不支，写了一页纸，前言不搭后语，可笑，可笑。

笔与墨俱小事，不必在意。

六日灯下

好事近

霰雪纷无边，洒遍天南天北。正恨今年春晚，得江梅消息。　漫山红紫映朝霞，犹自待时日。且看疏花数朵，缀斜枝百尺。

昨日下午多云，今早沉阴，精神殊不振，因外出理发，坐候半小时许，无赖之余，乃成此词腹稿。归来取片纸录出，尚未竟，雨雪交飞，斜斜整整，飘飘摇摇，词中所谓“洒遍天南天北”者，竟成预言。至所谓“得江梅消息”者，别有本事，但下片所云云，则又吹入别调，与本事无干。中心所藏，颇欲一吐，及至说时，又复隐忍。年华老大，风怀渐减，即说亦说不好，不如不说。兄当记得旧岁拙作《金缕曲·赋水仙》一词，此“江梅”正是“水仙”之代词，此殊不欲语之他人，然言兄非他人也。

述不作翁　七日灯下

午后雪晴，幸无风，然筋骨仍作楚，写此一纸，辞不达意，笔误屡见，甚矣惫。

一九五七年三月十九日

玉言吾兄如晤：

上周疲惫之余曾奉上一书，又小词一章，想已见之。不识比来身心何似？已平复未？至以为念。

日前在《人民日报》八版见小文一篇，内容大意谓：有一老革命干部，于简单底事，每每看得复杂；而于复杂底事，又每每看得简单云云。私意谓此虽非绝对真理，却不失为相对真理。倘若再用代数方式而引申之，则严肃之事不妨游戏处之，游戏之事正宜严肃处之；简单事而复杂化之，复杂事而简单化之。不佞虽心识其理，但不独无此经验，亦且无此本领。若严肃事而游戏处之，游戏事而严肃处之，亦只略略做到后一半，若前一半则心向往之而已，说得知得却行不得也。不佞平生自负不失童心，近又往往自号为老小孩，私意亦颇自喜，此刻想来，此不过不能统一之矛盾，不值得自负、自喜。抱得一颗童心，说话行事每多失误，小孩则经喜善怒，自家既不受用，有时且予人以难堪。事过境迁，抚躬自省，甚无谓也。况乎年逾耳顺，动见观瞻更不须说，身为教师，以身作则之谓何也？书至此，辞意似已俱尽，但有余纸，且作闲谈。

津市今日放晴，稍有春意，午间动作，冬服在身，颇觉燥热。然傍晚阴合，书斋独坐，暖气不旺，寒气袭人，不减日前。此或老糟一人之感觉，他人未必如是耳。年长体衰，欢事殊尠。前日是星期日，此间剧协送得两张戏票来，因与内子往看，本系早场，以动身过迟，到场十时已过，只看得一出《拷吉平》，剧种是河北梆子。剧中主角非吉大夫，而是曹孟德。演员已是七十高龄，而精力弥漫，举手顿足、苦眼铺眉，不独现代京剧艺人所未有，即旧时亦罕睹。戏毕归来，殊为满意。美中不足，失之粗野，然此乃剧种传统风格，不可以之咎此老艺人也。草草。即颂

春祺

顾随再拜　三月十九日灯下

大作“谈屑”已在最近一期《新港》月刊登出两篇，想此

间出版社业邮寄一册至尊处矣。其三、四两篇尚不知作如何处理。上月编辑部有人至小斋，不佞曾告以第四篇是作者强弩之末，该部或竟根据鄙言而不用耳。四月一日征文启事即附此期之底页，兄何不追忆当年家居过清明情事，试写一篇。不佞前后三次旅津，计有十年之久，但不甚了然于当地之风土人情。五三年到此后，几于足不出户，五年建设是如何之突飞猛晋，亦几于耳无闻、目无见。编辑部中同志再三要求我写一篇，深恐终于曳白出场而已。

仍有余纸，附呈近作小词《浣溪沙》（未定草）：

三叠阳关不爱听。渭尘朝雨柳青青。龙沙西去少人行。

克拉玛依柴达木，人民中国石油城。四山响彻钻机声。

玉言兄再鉴

随　同日灯下

止酒已多年，比医嘱饭后进葡萄酒一杯作强心剂。今晚一杯下肚，觉有酒意，因随手又写得此一页纸。

一九五七年四月十二日

来书数道及所收表本澄清堂大王法帖，想法眼所鉴定是尤物。抗战期间亦曾收得一册，是有正书局所印，适于架上帖堆中检出，翻阅一过，觉与吾兄所藏表本未必同出一源。此本并不分卷，又吾兄所举“九日采菊”及“又顷水雨”两帖，此亦无有；惟卷首亦刻“澄清堂帖”，次行低一格刻“王右军帖”，俱作楷书，字体则学率更而失之板滞。下有收藏者八印，内一漫漶不可辨识，亦有邢子愿印，白文曰“邢侗之印”。第一帖为“且极寒”，最末为“昨得期书”，不知高斋所收亦如此不？内有数帖与“大观”重复，旧曾两两对勘，觉“澄清”略具规模，远不如“大观”之精彩。而“四月廿三日羲之顿首昨书”一帖，“澄清”帖之“书”竟刻成“”，竟不复成字。惟“三月廿四日羲之白末春”帖与“羲之顿首昨得书问所疾”二帖是章草，不佞于他帖未见过，每一阅览，觉其攲斜倾仄，妩媚横生，风华盖世，与汉代章草之专谨相较，信是即所谓古质而今妍者也。但恨其非真迹，上石原刻初榻而已，未识兄本中亦有之否？

蒙下问《书谱》中诸疑，不佞亦不能代剖，“”如非“耻”，更不可识，如果是“耻”，“止”旁又不可写作“”，“”是“乍”之草也。如释作“非”，则“”又不可写作“”也。私意释“耻”，但于义较长耳。“希风妙”之“”，不佞旧读为“和”，虽未必是，但较“叙”字为可通。至于“草不兼真，殆于专”之“”，旧亦只读作“谨”，因晋唐诸贤草书“谨”皆作“”故。“专”者，执而不化之意；“谨”者，拘而无放之意，谓“草不兼真，殆于专谨”，似不可通，实则前贤作草，法度至严，纵横往来，向背迎送，皆有一定尺寸，所谓差之毫厘，失之千里，故有“匆匆不及草书”之说。夫匆匆之间，不作草书，则草之“专谨”可知。至于真书，虽于纵横往来向背迎送之际，不能不有法度，然点画

断而不联，运笔时可以随时斟酌情势，截长补短。将无作有，是以尽有从容之余地，不似草书之兔起雀落，稍纵即逝，苟非胸有成竹，往往势同画虎。后贤作楷，局促如辕下驹，不是算子，亦等脱□，实由唐代方格眼子为厉阶。晋贤楷书，随字体本来之方圆大小长短肥瘠而写之，此真合乎辩证法所谓客观存在不随人意志为转移。但如能掌握其规律而运用之，又可以左右逢源者矣。他不必论，即如黄庭经，每遇重字，便尔变体，自首至尾，更无一字（“一字”之“一”或当为“两”耳。此意兄自得之，不须覼缕。）体式雷同，此又辩证法所谓于个别见一般、于一般见个别者也。每一浏览，反觉草书窘于绳墨。沦陷中困居北京，数曾临写，胜利以后，荒废至今，老病侵寻，深恨不复能□此胜业。

又来书谓拙草真得伯英“不真而点画狼藉”之妙，奖誉过当，甚感惶惭，然而私心亦窃自喜。伯乐相马，相赏于牝牡骊黄之外；伯牙听琴，能辨于高山流水之音，非我鱼兄不能于拙草下如是评语也。不佞比来虽不认真习书，然于书法时时有悟入处，即如作草，每于断处行以楷法，此虽细节，然初学粗心，往往见不及此，即不佞病初愈时，亦尚千里万里。然则吾兄所谓“点画狼藉”者，至当不易而又得吾心之所同然者矣。若夫伯英，岂敢，岂敢。

本答来问，纵笔至此，溢出题外，今赓前言，以竟此幅。“有乖入木之”，“”定是“術”，然以文义与文律求之，当是“微”，而非“術”，或是虔礼笔误焉？得起之于九泉而向之耶。“自通观”之“”，不佞旧只读作“阙”，盖“朔”草作“”，则“阙”字左下之“”作“”自合法，至“欠”

之为“ㄣ”，又不须说也。疲极 即奉
鱼兄过眼

顾随拜手　四月十二日上下午

晋唐诸贤于“氵”皆作“U”，凡“讠”则言或“彳”或“亻”之草也。惟“堇”之为“多”，迄今尚不能晓其规律与其来源之所自，故平生草书，“谨”只作“谨”，不作“㳂”。

一九五七年四月十三日①

玉言吾兄再鉴：

尊恙想早已大愈。闻医言，今春流感虽猖獗，但如无他症骈发，过三数日即可自已。此间高荫甫兄日昨亦染疾，自作烧迄大好亦只三日，服羚翘解毒丸三四圆，未经医看，便而霍然，可证医言之非谬。不佞栗栗自危，幸免于难，惟时时服APC及钙克斯等药，不敢大意也。清明已过，风雪肆虐，气温骤低，有如初冬，虚度六十岁，如此春日尚是初遭，至希吾兄加意珍摄，万勿疏忽。寿词自当遵嘱以大幅写之，（诚如来书所言，落去一字，刻已拟为等字矣。）惟体力衰败，何时能了此愿心殊不敢必。草草涂鸦，大约十余分钟即可交卷，然既

---

① 此书与前一日书共用纸六张，每纸右下方分别以“一”至“六”为序。第六张上方空白处原有“参看第七页”五字，后又圈掉，下注云：“当时有话要说，预备写第七页，阁置日久，都已忘却，此刻不拟续写矣。六月十六日”

无以对玉言，亦无以表老糟；若刻意求工，矜持之下又恐反成败阙，以是踌躇，不能下笔。上周偶于夜间外出散步，竟又吃跌，幸是土地，不致大苦，然至今已十余日，仍觉全身酸楚，四肢无力。适值此周院中停课学习《再论》，下周又有春假三日，可以安心休养，不幸中之幸也。

大作和《沁园春》自寿词，不类平时笔致，大约调所限，韵所限，遂变质实为清空、晦涩为流利耳。但落韵极隐，不大似是和作，惟“人”字颇牵强，得无又用僻典乎？日昨正刚来，曾出以示之，渠读至此处，亦连连摇首曰“不得，不得”。私意玉言平时为诗词，落笔之先早有许许多多古典字面跟踪而至，故而写成之后，内容为辞句所掩，不能透出。不过，如是云云，亦只是老糟之感性认识，不能作为定评，仍须兄自消息之也。吾兄书法，比来大进，此次来札，虽少极时所作，仍有清峻之致，至可喜也。但转折处多不能参用篆法耳。（转折处用篆法，须使中锋，书成后不独浑厚，亦且宽绰。）此颂

健康

顾随顿　四月十三日上午

一九五七年六月十六日（一）

上月来书，曾以石湖诗为问，冗忙中不能奉复，想在鉴中。又，所问亦不能尽解，即所解，亦未敢断言必是。一得之愚，他山之助，其所不知，盖阙如也。

《合江亭》

“有如古盟主，勤王会诸侯”是此篇主题。自“氈毳”至“新亭囚”言：金人南下，宋室偏安，无人勤王，如齐桓、晋文之尊周攘夷，但在新亭作楚囚之对泣而已。“氈毳”，胡服，引申为胡人。“新亭对泣”，王导本曾以楚囚为喻。“齐晋勋”即指桓文之事业。“包茅求”，事见《左传》：葵丘之会，齐桓公曾责楚子以“尔贡包茅不入”也。“威文”似当作“桓文”，不用“桓”而用“威”者，避钦宗之讳（宋钦宗名桓）也。南宋人讳“桓”字，故诗文中不见此字；“桓”本有威武之义，故迳以“威”代之。惟“童子羞”不得其解，如谓为王孙满，则是秦穆公事，不属齐桓、晋文二公。孟子曰：“仲尼之徒无道桓文之事者。下句是“羞”，然“仲尼之徒”，不得谓之“童子”。俟再考。

《与王夷仲检讨祀社》

“黑藉”似是生死簿之死簿，何出？不敢妄对。“德馨典神天”之“典”，或释作典型之典，则“典神天”等于说“为神天之典型”；如训为典守之典，则“典神天”等于说“尽神天之职守”。祈酌。若“苍烟根”则“石”之代词而已：石本有“云根”之称，石湖复以“苍烟”代云尔。“石”或当再引伸为“山下”之义。

《刺濆淖》

所问“搁指忙”、“科头”而“慢江神”，谁之故事？不佞亦茫然，只好曳帛（顷看唐人笔记，是此“帛”字，不作

"白")。"掬指忙",可能用太白捞月事,毛诗"终朝采绿,不盈一匊","掬"有"捧"义。"科头慢江神",依稀记得确有出处,此时竟想不起见于何书矣。

《提刑察院王丈挽词》

"韦经",当即如来书所云"韦编"义,不能有别解。不曰"编"而曰"经"者,韵所局故。"念筑室"当是用"筑室道谋"义,言:王丈既殁,更无人可以咨询,此后大事,只有与行道之人谋之而已,是否?"问过庭",指王丈之子而言,意若曰:今兹之来,不复能闻王丈之训,只有于王丈子口中,能听到其转述当日过庭之训耳。至于"空来"两字,不过惋惜不克再亲闻王丈之训,不必拘泥也。

写毕重阅一过,不禁废然而叹。廿年古典文学教授,薄负时名,腹内空空,更无几卷书,平时鼻孔撩天,目中无人,徒见其不知量耳。日昨刚公来,曾出手书示之,凡不佞所不知,渠亦不能解决,但云:若查书当能得之;顾又云:比来事忙,不能查书也。尚未与荫公共商,俟其稍暇,即与一谈,或能有获,未可知也。

今日是星期日,家中除不佞夫妇外,舍胞妹自故乡赴济省继慈疾,日昨转津,第五女昨夜自京来省,长、四两女本在津,今早亦先后来寓,长女且携带两外孙。内子正张罗猪肉蔬菜作角子,刀砧声作,语笑喧哗,不佞乃来书斋中作此两页纸。密云不雨,臂腕痛楚,甚草草。

糟　六月十六日午

一九五七年六月十六日（二）

沁园春

五一节献词为津市广播电台作

灼灼金星，赫赫红旗，飘舞半空。况百家鸣后，云蒸霞蔚，众香国里，万紫千红。异派同归，江淮河汉，滚滚百川流向东。春深处，更光天化日，细雨和风。　　道行天下为公。正文教昌明国运隆。看和平事业，光辉万丈，工人运动，丽日方中。玉带桥边，天安门上，泰岳峰头峙两松。齐肩立，是人民领袖，反帝英雄。

清平乐

诗人节献词

荷衣琼珮。襟上浪浪泪。辛苦滋兰还树蕙。九死其犹未悔。　　昆仑可是高丘。美人要眇宜修。千古无穷遗恨，大江日夜东流。

两章一长一短，皆急就篇，首章只“异派”十五字颇道着些甚么，余皆不能佳。又，重字太多，是大病也。

玉言吾兄下棒

顾随呈稿　六月十六日下午

一九五七年六月十六日（三）

言兄座下：

四月中旬曾写得六页纸而尚未尽所欲言，忽有不速之客自远方来，即下榻书斋中，几及一月，年来写作，独处构思，久成惯习，有人在旁，总觉打搅，遂不能读写，又不欲草草寄出，阁置迄今，兹随函奉上，明日黄花，无足观矣。又自四月杪迄六月初，鸣放之后，继以整风，虚名所累，猥以病躯，亦不免竿木随身。是之间又两次外出作古典文学报告，一次在本市话剧团，一次在南开大学中文系，每次皆连续至三小时，兴奋之余，疲惫随之，虽幸而不至于病，然精力尽矣。（为报刊且写得散文两篇，发言稿尚不算数，至于携策上堂，更是本分，此刻颇自诧老糟不糟也。）又以直性狭中，多所不堪，往往不免于呕气，心情遂亦难保愉快。彭泽有言，“人生实难”，亦宜其然乎？兹课事已于上周结束，所有会事亦决意谢绝，今日又无客至，乃得安心作此札，吾兄体气比来何似？至以为念。连雨，不佞至苦，想吾兄或无大患耳。前次书云，时感疲劳，每午休不成，则午后不能工作，不佞亦正尔如然。又云夜间喜翻书，每至影响睡眠，此惯习必须改掉也。不佞为兄计，此后每日宜树立午睡定时制度，夜间即枕，不得过十时，上床前廿分钟不得看书及动笔写作。记得兄曾说过，甚得静坐之力，不识近中尚能坚持此工行否？不佞行年六十已过，体衰夫复何言，平时自念，所学即有小成就，已苦无力见之于著述；

所学尚在半途者，复苦不能继续晋修；至于欲学而未能望道、而未之见者，只有浩叹。吾兄正在盛年，前程远大，千祈加意珍摄，以臻康强，勿蹈不佞之覆辙也。今日自上午迄此刻，断续写得五页纸，夜九时已过，势须阁笔，欲言万千，晤对犹然言不尽，矧此笔札？敬颂

著祺

顾随顿　六月十六日灯下

一九五七年六月十七日

津市文艺界各协会于诗人节日举行文艺俱乐部（旧永安舞厅址也）开幕典礼，有朗诵、音乐、唱歌、曲艺诸节目，老画[家]刘子久先生且对众挥毫，当场作画。不佞与荫公尔日亦曾出席参加朗诵，荫公诵《楚辞·涉江》一篇，不佞则选自廿年代起直至最近所自作诗词之有代表性者共六章而诵之。既毕，作协津分会秘书张学新同志忽谓不佞曰：何不出一选集？大庭广众之下，亦漫应之，不能详谈。荫公微闻其语，归来大加鼓动，且自告奋勇（并孙刚公合作），任抄写校对之劳。不佞固不能无动于衷，顾亦不甚热心。候虫时鸟，当其鸣时，必有其不能自已者在；时移世换，有何价值之可言？又不佞所为韵语，断自一九廿年代以后，词与曲多已汇印成小册，搜集搜选尚无困难，若夫古近体诗，随手写出，随手抛弃，所存者未必经意之作，所弃者未必无可取，整理大非易易矣。

今日天气仍未放晴，晨起独坐斋中，候点心不至，因草

此纸。

老糟　十七日

一九五七年六月二十五日

言兄如晤：

蒙下问石湖诗中“焦山”一词出处，且曰：此定是释家譬喻，非不佞不能为兄解困。不佞读释典至有限，记忆所及，读过诸经中并无与“焦山”有关之词句。昨检丁福保氏《佛学小辞典》，殊无朕兆。今早复检《翻译名义集》卷三“众山”篇第廿九，亦无所获。然则“焦山”或竟不出释典耳。释迦牟尼氏除为教主外，实兼哲人与诗人，故最善说理与夸张，以成其为善巧方便。顾一切推理与夫幻想，必有其唯物底现实基础：一者传统底民间信仰，二者客观底事物存在，佛陀虽大智，亦不能例外。天竺无火山，故佛书中亦无类此之词句（或竟有之，而不佞不知，则又当别论也）。不佞如是说，只说明“焦山”之不出释典，不能为兄解困也。浅智所及，《尚书》有云：“火炎昆冈，玉石俱焚。”得非石湖居士所谓“焦山”乎？然此能算作假设或臆测，离断论尚大远在，大远在。

此间已于上周停课举行考试，比以与右派分子作斗争，考试将中断一星期，学生情形，不知其详。至于教师，则每日开会，老糟虽不参加，然时时于荫公口中得少端倪，真所谓言之伤心，不欲以告，亦不必以告言兄。总之建国虽已八年，有许多人尚不知马列主义与社会主义是何等事物，或可断说，其所以不知，源出于不求知，乃至不欲知。不佞乃今乃益信毛主席所谓“思想改造乃长期工作”一语之千真万确；而主席所谓“旧知识分子或竟终生不能接受社会主义”，乃至当不移之论也。列宁说，旧社会制度消灭之后，旧意识残余仍须存在一个相当时期。维彼哲人，从无戏论。

日昨《新港》编辑部专人来索稿，廿四小时内交出一篇题为“妙论”（妙即是谬义）之散文，两千字，虽不多，然不佞如此赶任务，要是年来所未尝有。

六月廿五日写

一九五七年八月四日

六月杪写得两页纸，事务牵帅，遂不能续写，以迄于今。年来自觉不独精力不济，智力亦复大减，每有任务，事先大费张罗，事后更觉疲惫，须一切放下方能恢复，不则心气忡怔，眠食不佳，于是痼疾发动，乃若亟亟不可终日矣。残年余力，如何是好？反复筹画，更无善策。此种意绪，本不拟以语言兄，然言兄实可与言人，故终竟不能一掬残绪耳。（孔子曰“不知老之将至”；佛家说“永不退转”；若是一个共产党员，则更是“鞠躬尽瘁，死而后已”。不佞作此等语言，适成其为老糟而已耳。自评）顾平心而论，不佞今夏较之往岁为佳，校中运动场旧时步行一周即觉脚软，比来竟能绕行两周，尚觉余勇可贾，此是佳兆，可以告慰。今日阴雨，独坐无俚，乃草此纸。久不作字，岂只劣不成书，亦且辞不达意，谅之。去月寄上院刊，内有拙作，看后于意云何？

玉言吾兄座下

顾随拜手　八月四日午

糟堂身上有两种习气最是要不得，一者票友气，二者隐士气。何者票友气？虽有一两出拿手底戏，虽有一两口独创之腔，却挑不得大梁，传不得弟子，不宁维是，亦且只好清音坐唱，上不得台盘。有时谎腔走板，手脚无措，相识者揣情度理，付之一笑；严格要求者执法以绳，报之以“通”矣。何者隐士气？此则更下票友气一等，上焉者如许由，总不肯作日月出后不息底的爝火；下焉者如阮籍，则以无事为荣。统斯二者，俱是无益于人，无济于事。假如人尽如此，人类有甚底前途，世界又将成为何等世界耶？（四日上午雨中）票友既如彼，隐士又如此，糟堂一身兼而有之，其不合于社会主义社会，将不待智者而后知。鲁迅先生所译法捷耶夫《毁灭》后记中曰：“他（谓英谛克也）反对毒死病人，而并无更好的计谋；反对劫粮，而仍吃劫来的猪肉（因为肚子饿）。他以为别人都办得不对，但自己也无办法，也觉得自己不行，而别人却更不行。于是这不行的他，也就成为高尚，成为孤独了。”非法捷耶夫不能写《毁灭》，亦非鲁迅先生不能写此《后记》也。下午雨止而云不开，骨痛，益草草。

糟　四日灯下

对他人所作所为俱不满意，比其自家出马，所作所为举无以愈于他人，此尤隐士之大患，而不佞为甚。夫复何言，夫复何言！

一九五七年八月十二日

数数奉手书，久久不曾作答，只是乏善可陈。年岁已薄桑榆，学识了不长进，告知故人，徒增不快，是以懒于动笔。此外则是忙，所谓忙，亦只在不佞则然耳，若在他人，固已不胜其清闲之至矣。政扬兄日前入都，想必走访，谈次定及不佞近况，此刻亦不须细说也。

右数行不知何时所写，大抵在照蕴兄入都之后耳。今日下午昼眠不成，起来茗饮，随手于乱书堆中抽出，颇出意外，三日前固曾遍觅而不得也。此间大雨过后，三数日来至有秋意，不识是季节转变，抑系受凉，周身酸楚无力，百事俱懒，推原其故，一则体格素来不健，二则年事确已高大，稼轩词曰："功成者退，觉团扇、便与人疏。"不佞大半生来有何功可言，然斟酌情势，恐亦不能不退，此系事实，政尔不须感慨。此上

玉言吾兄座下

顾随拜手　八月十二日

高荫甫兄上月返京，现大约正忙于开会。日昨有书来说，会后当往看，并拟借小泉八云英文文学讲义两册备参考。嘱先容，特相告。

舍妹于六月间自故里赴济南省家继慈病，月中来津，至今

未归。放假后，小女辈往返京津道上，二宿舍顿觉喧嚣，久惯岑寂，至是颇以为苦。此刻尚有三小女及一外孙女在此，内子又抱病，此或亦精神不快之一因也。

一九五七年九月二十七日

言兄座下：

适奉本月廿五日手札，所云久不通音问，系念无已时，殆彼此同之矣。知石湖诗注已杀青，喜慰之极。兄比来精力意兴均何似？此后更拟修何种胜业？俱在念中。所谓院刊拙作句法不妥，容当细酌，此刻只依稀记得，释子语录中有如是句法耳。三个月来，写得反右词近廿首，然急就篇居三之一，自亦不能满意。津市同志间或相传颂，则以其政治性，非必以其艺术性也。八月份《诗刊》曾刊登《木兰花慢》及《八声甘州》各一章，似稍佳，顾通篇亦不能相称，不识兄曾见之否？近作《贺新凉》及《沁园春》，另纸录呈一看，并祈赐棒。余不及一一抄奉，且亦无此必要耳。自夏徂秋，托庇粗健，尤可喜者，廿余年来，内子每夏必病，今年亦幸而康强，非望外亦意外矣。附函寄上六月杪及八月初所作书共四纸，明日黄花，毕竟不同，过眼烟云，兄以为尔不？红苧兄刻印，厚重沉实，胎息汉鈢，白文较朱文尤佳，所恨比不能作巨幅大字，急切无所用之耳，希转致谢意。草草。敬颂

秋祺

顾随拜手　九月廿七日午刻

师院上课须国庆后，然尚未得正式通知，此刻全院师生仍在搞反右派斗争也。

七、八、九三个月中，报刊编辑同志向不佞索稿，几如催租，然而力之所及，义不容辞，惟有竭蹶从事，又不可以催租论也。职是之故，虽不出席会议，而书斋静坐，内心紧张，构思起稿，有时且影响眠食，久不函候，此亦一因。上月《人民文学》月刊编辑部曾专函索稿，月初录得十许首寄去，顷得复书云，须十一月份方能登出也。

廿七日灯下

一九五九年

□提按之法 □填词与谱曲
□爱与舍 □明清传奇
□诗与散文

一九五九年九月四日

言兄座下：

月之一日得大札及新词，喜慰不可言。当晚得小词一章：

南乡子

蒜酪要推陈。一曲高歌倍有神。老我今宵应无寐，欢欣。杨柳东风见俊人。　　不得孟襄身。是处郊原浩荡春。人物江山超往古，芳芬。万紫千红日日新。

词不佳，聊记当时激动心情，令言兄知之。不佞暑假中几于无日不有所述作，上月杪迄今等于以填词为业，所得近卅首矣，客观需要不能自已，所恨才尽体弱，劣作未称此大时代。年来常常感到，词之为体，短小局促，与当前局势事业未能相当。和其声以鸣国家之盛，古典韵文形式中，曲尚矣，顾业务与精力所限，不暇及此，亦不能及此，时一念及，恨恨无极。

今得言兄新作，焉得不为之喜而不寐乎？另纸抄录一过，并遵嘱评改，未必有当，谨供参考。书不能悉意。敬颂

秋祺

顾随拜手　九月四日午

大作如余叔岩先生演《定军山》《阳平关》《王载山》，俊爽有余而沉雅不足。内容方面未及八届八中全会，应再补入一章。

此札本拟昨日写就发出，而上下午乃至夜晚俱有客来，今日体中尚觉不适也。吾衰益甚，即此可见。

一九五九年九月十日

玉言上次来书，以拙书与默老相提并论，不佞期期以为不可。子贡之言曰“赐之墙也及肩”，又曰“夫子之墙数仞”，夫“及肩”讵可与“数仞”比高哉！（于此不说仲尼日月也无得而逾焉，亦不说夫子之不可及也犹天之不可阶而升也。）默老论运笔曾说“有提，有按”，又曰“随按随提，随提随按”，不佞尝叹斯言抉千古之秘。但不佞窃谓：默师作字，按笔多于提笔，故行书上接千古，独步一时，而不善作草。旧尝于兼士先生处见其草书，不及行书远甚，则少用提笔之故也。顾其每一按笔，不独力透纸背，直是入木三分。使不佞从此加工，心摹手追，天假之年，或可几及，环境不许，终为空想而已。又，

默师体力雄厚，老而不衰，意之所及，手能写之，不佞羸疾为累，意中虽有会处，笔下仍有距离，得之于心而不能应之于手。平居每叹吾于默师，虽非仰弥高，要是钻弥坚，此非妄自菲薄，乃是言出由衷。玉言定能会吾此意耳。

大约有一年有半不曾用毛笔作如此大小之字，更大者更无论。前日阴雨竟，夜间又出席一次小组会，两日以来，骨疼复作，一切放下，着意休息。今日下午独坐无俚，写此一页字，文辞之劣不必说，即笔画亦一无可观也。

述堂　九月十日

不佞作字有两大病：一者执笔，大指不能横直而是上仰，故字体每每左上角局促而右下角懈弛；二者布白，横竖平直尚作不到，无论疏处可使走马，密处不使透风已。

一九五九年九月十二日至十三日

玉言吾兄史席：

九月十日得手教，颇以不佞不能作曲为讶，且举孟子“是不为”、“非不能”之言以相激厉。此自是言兄见爱之意，然实实有不能者在，非自画也。所谓不能，此有主客两因，客因即是客观环境要求不佞作为一个文学科学的研究工作者而不须成为词章家，特别是曲家；主因则以不佞精力衰惫，聪明减退，从事于曲，时时有举鼎绝膑之虞。此老实话，非谦辞。言兄阿好，或不之信耳。（十二日）即如此次改易大作，改“桑海生”

一句为“佳禾万顷”，“嘉禾”作“佳禾”，已属荒谬，及见兄自定稿作“黄云万顷”，不禁击节叹赏。自念此乃四与二之比，不佞之于玉言，乃相差一半，又不禁自失矣。夫填词如选矿炼钢铁，工在收敛，不佞自觉颇能此术；谱曲如平地起楼台，工在开张，不佞于此，才不必说，先觉力不从心。此亦姑置之，最大关键乃在于不能参加实际生活，学习群众语言，缺此二者以云创作，遂成无根之木、无源之水，又不独谱曲一事为然已。然则述堂虽不欲为科学研究工作者，亦不可得矣，顾居今日而言科学研究，亦非易事也。草草。敬颂
著祺

顾随拜手　九月十三日午刻

来津后曾写成《南吕一枝花》一套，《大石调青杏子》一套，此外尚有小令三章，稿都不识弃何所，未能寄呈一看。

下周当上课，故此页急于写就发出，遂益草草。

一九五九年十二月八日（一）

【述堂近稿】

减字木兰花

工人阶级。挽日回天无尽力。大会群英。献宝同时又取经。
独行无伴。一朵花开春有限。结对成群。万紫千红浩荡春。

鹊桥仙

东风万里，沧波无际，海上群龙戏水。八方震地响春雷，看天矫、腾空飞起。　　冲天壮志，凌云豪气，用尽千方百计。相携跨进六零年，要胜利、接连胜利。

农村水利颂（短句四韵）

农村新面貌，地上建天堂。引水翻山岭，拦河洗碱荒。天寒心更热，日短力加长。旱涝丰收定，千仓复万箱。

木兰花慢

农业部最近在郑州召开会议，决在两三年内使黄河故道千八百万亩荒滩成为果园。非总路线、大跃进、人民公社不能办此也。

大河常改道，最不忍，话从前。记背井离乡，抛妻弃子，颠沛流连。狂澜溃堤决岸，坏一千余万亩农田。风起黄沙蔽日，水来白浪滔天。　　荒滩植树变林园。只要两三年。看地上茏葱，枝头繁茂，蝶乱蜂喧。连绵数千里内，自郑州直达海东边。从此天长地久，教它锦簇花团。

西江月

病中见落叶有感作

试看回天转日，不消鬼使神差。人工人力有安排。海晏河清现在。　　败叶无风自落，寒梅斗雪犹开。烂下去与好起来。两个不同世界。（毛泽东同志曰：“敌人一天天烂下去，我们一天天好起来。”“下”与“起”在口语中，北人皆作平读。）

玉楼春

短松半尺栽盆内。卷石青苔生雅致。明窗净几布阳光，温室红炉春意味。　　长林老树无边际。霜干龙鳞拔地起。万牛回首栋梁材，屹立漫天风雪里。

右十一月间所作诗词六章，皆成于庭际徘徊、床上偃息之时，非经意之作也。今日偷闲休业，因手录一通。指腕撑拒，又笔不中书，字画劣甚。鱼兄两政

顾随　五九年十二月八日也

一九五九年十二月八日（二）

鱼兄座下：

“苏之自在处，辛偶能到之；辛之当行处，苏必不能到。”此语是否出于君家止庵《词辨》？兄记得，幸拨冗示知。年长

善忘，学殖荒落，每一念及，为之短气。上午写得近作两纸，体慵未出，不及投邮。傍晚茗饮，复作此数语。入冬，玉体奚似？至念。刚公时一相见，此公殆真健者，胜吾辈多矣。草草。颂

冬祺

顾随　12. 8

一九五九年十二月十二日至十八日

鱼兄座下：

蒙抄示《论词杂著》，多谢！此书旧曾过眼，近顷乃并书名亦复忘之，学殖荒落，即此可见。来札虽曾致慨于衰态已成，然洋洋洒洒，写满三纸，气势兴致复俱旺盛，此非衰征也。大抵潜力内充，一遇外缘触磕，便如火之炽、泉之注，有其不能自已者矣。幸自宽解，勿事过虑。不佞非不知古物之可贵乃至可爱，顾独不能爱之乃至宝之，此非心理的，乃是生理的。所以者何？爱是精力之消耗，有时性命以之，则又是牺牲。是之间与年长体衰、去日苦多之人，有其最大之矛盾与距离。复次，两物不能同时存在于同一空间，所爱亦然。不佞自计，平生多所爱好，兴趣广，故五十岁后，尤其大病后，体日弱，力日减，多所爱乃转而为多所舍，思以残年余力集中于客观之所需要与自力之所能及。多爱多痛苦，多舍亦难堪，惟老鱼了述堂下怀耳。今岁二月起笺释毛主席诗词廿一首，至十月乃写毕，此亦难云盛业，只可谓为了“缘”而已。（兄读主席

诸作，当别有会心处，有暇幸写示数则，匡不逮、资印证也。）骨痛，姑止是。此颂

冬祺

顾随拜手　十二月十二日午刻

兄所点定拙词两句，皆不佞于心不安处。《鹊桥仙》一句之“用尽”曾作“想出”，《木兰花慢》一句曾作“坏千余万亩好农田”，写寄广州某报刊时即如此定稿。《木兰花慢》通首皆不佳，尽可不必理会，若《鹊桥仙》之一句，私意病不在于两字，而在于全句之只有概念而无形象，“用尽”、“想出”固不妥，即代拟之“献出”亦不能为全首添彩，势非抹去另拟不可，然而生活思想两俱贫乏，乃至无从着手。此亦不能以江郎才尽为藉口，兄以为尔不？论故宫藏率更真迹，甚具眼，不佞当初却见不及此，不识尊意以“卜商读书”一帖为何如？或亦与其他法帖一概而论之耶？（写至此有学生来访问，虽非催租人，要是打断思路，不能连写下去矣。）阅劣稿乃至气愤，不可，不可，切忌，切忌。有一西哲曾言，气愤乃是因为别人的愚蠢而加于自身的惩罚。（此尚是旧观点，若依马克思哲学，当别有说。十八日灯下）此语至有味，欲鱼兄长记勿忘也。比为此间南大中文系校看传奇选注释，忽发觉明清传奇家不独曲文了无奇特，有时甚至字句欠亨。幸尚能自制，否则非发神经病不可也。书此发一笑。

随　十三日午

近顷又得长句四韵慢词一章写寄一看：

迎新长句为人民公社作

三百六十有五日，壁上新历从头翻。舜尧人物超千古，龙虎风云又一年。大漠治沙围锦带，平川无雨出甘泉。人民公社威风大，不是回天是胜天。

木兰花慢

旧时庄稼汉，问甚日，得欢欣。算三百多天，无情现实，何限悲辛。柴门一年尽处，帖春联漫写吉祥文。爆竹一声除旧，桃符万户更新。　　如今水旱斗龙神。胜利属人民。看公社家家，粮棉似海，牲畜成群。飞奔上天有路（谓共产主义是天堂，人民公社是桥梁），保一年春胜一年春。出色舜尧人物，得时龙虎风云。

一周来天气沉阴而既不成雨，又不下雪，中有两日大雾漫天，痼疾发动，至不可耐。欹枕拥衾，信口吟哦，得诗词各一章，亦由此间报刊催索，非尽由于排闷自怡也。若其不佳，则固然已。唯鱼兄下喝

古贝人述堂录稿　十三日灯下

“尧舜”或改“风流”，“龙虎”或改“际会”。

却改不得，或当改换头“神”字韵一句耳。

十八日灯下

儿时听先大父论文有云，“扬之高华，按之沉实”，至今不知此语出处，然时时不能去心，以为大家合作，莫不如是。若此拙作二章，既禁不起扬，又搁不住按。昭明有言：“无是可也。”

解放后故宫曾出版法书大观，内大令及鲁公各一帖，皆赝品。东坡致陈季常二札，内一札极佳，为苏书之冠，三年［前］曾临一纸寄兄看者也。率更书两帖，一即卜商读书，又一为张翰思鲈，兄曾见之否？诚悬一短札，察察数字，字大可二三寸，则真迹也。签是默师写，细筋入骨，宋人不能及也。北伐前默师寓居即在无量大人胡同，门牌号数久已忘记，但记是靠近东口路北一门而已。

十八日灯下

记得曾代购笔墨等物，又曾托戈公代治印，此刻不悉俱在手下否？或当令小女往取，以何时趋高斋为宜，希示。

述堂　十八日

一九五九年十二月十八日

鱼兄再鉴：

日前写得三页纸，加封后搁置案头，至今尚未发寄。原意三纸外意所未尽者或随时续写，或随手加注与眉批，而业务所牵，精力所限，三纸外更不曾增益片纸只字也。此刻忽复忆及，暑中高荫甫兄以此间教师人手缺乏，有意邀吾兄前来任务，但终以手续困难，未曾进行。兄能脱离出版社否？此是最大前提，此一关如过不去，其余俱无从说起矣。有暇希示知为荷。草草不尽。

随再拜　十八日灯下

今日傍午落雪，入夜仍霏霏不已，气象报告说可持续至明午。此津门入冬第一场喜雪也。惟又说雪后有五级风，此则可厌矣。病体畏风，如畏虎也。

贝人又及　同日

明年夏是述堂与山妻结褵四十年纪念，又，不佞教龄亦整整四十年。马齿加长，事业无成，惟愚夫妇白首齐眉，可自慰且慰诸友好耳。

十八日灯下　雪夜

一九五九年十二月三十一日

岁暮又谱得小词四章，写寄一看：

浪淘沙

南宋周晋仙《浪淘沙》曾云：“一事最奇君听取，明日新年。”细思之，年年有个“明日新年”，此有何奇？若夫当代英雄成千上万，纷纷提前完成计划，跨进一九六零年，新年反而姗姗来迟，此乃亘古未有之奇耳。

风雪搅成团。莫道严寒。花开不是一枝妍。姹紫嫣红齐放了，万万千千。　　快马又加鞭。捷报频传。完成计划早提前。一九六零来得慢，明日新年。

西江月

为建明公社作

寄语右倾分子，何妨前去瞧瞧。人间天国假如糟。试问怎么才好。　　眼下农村四亿，当年驴腿三条。有谁再敢笑鸡毛。先笑不如后笑。

“谁说鸡毛不能上天”见《中国农村的社会主义高潮》。苏联谚语：谁笑得最后，谁笑得最好。

临江仙

读《人民日报》社论《猪为六畜之首》

六畜旧时排次，惟猪最不称强。敬陪末座脸无光。上头鸡犬在，更上马牛羊。　　今日重排席位，首先推让猪王。积肥打得满仓粮。浑身都是宝，不但肉生香。

小桃红

灾年丰收颂

群力培田垅。加意勤浇种。水旱虫风，自然灾害，纵然严重。把老天抗得、也低头，把瘟神葬送。　　高唱丰收颂。云际鸣丹凤（指农民诗人）。一派谰言，说糟说旱，痴人说梦。只人民公社、稳如山，任撼摇不动。

右凡为小令四章，《西江月》稍可看，余皆非称物逮意之作。最近一期《文艺报》载，苏联爱伦堡氏之谈话中有云：有许多人虽然写诗技巧很高，却忽视诗的特性，他们用诗来描绘那些本来可以用散文描绘得更好的东西。私意颇不谓然。爱氏所谓诗之特性不知何所指，至于所云散文所描绘诗不能为力，此适足证明爱氏之非诗人而已。散文所描绘者，诗举能描绘之；若夫好诗所描绘者，虽好的散文亦当敛手退避三舍。惜乎拙词不足语此。

五九年除日

一九六〇年

□写新意境，诗不如词，
词不如曲
□唐人近体诗

一九六〇年一月七日

射鱼兄如晤：

年前两奉手札，得悉种切，以须与荫甫兄面谈后方能作具体答复，故迟迟未报，谅之。荫公忙甚，虽同在一校一系，而往往一二周未能睹面，前日渠以事到小斋，始克详谈。此间需人甚殷，吾兄如能来极为欢迎。（来后在英语系或中文系任教，或两系兼任尚未决，此大细事，在兄俱不成问题，但视客观需要而定耳。）荫公是系主任，心情尤其迫切，言辞之间，大有恨不得文旌即日东指之意。惟按现下手续办事，须此间党组织与人事科与出版社组织与人事科联系，始能定局，个人意愿与私人交谊只起得辅导作用而已。想来荫公此刻正在作此工作，吾兄且稍安勿躁。在新中国大建设处处感到人手不足之时，岂有怀才如我鱼兄而能被忘却？即有意高蹈避世，党与人民亦决不许可。今早又得五日来书，所云僵局与生活成问题，真虑之过也。草草。俟再见

荫甫后详告一切。此颂

日祺

顾随拜手　一月七日午

昨日下午到系作学术报告，自开会至散会前后共五个小时，今日疲甚，作书草草，职是之故。

又及　同日

不佞寓马场道师大本校宿舍，而中文系则在六里台旧中日中学校址，往返颇感不便。

一九六〇年一月十一日至十八日

言兄座下：

日昨匆匆作得一纸书，附年前所录小词三章，想已寄达。三数日来仍未晤及荫公，不悉事态进展已到何种程度。本可以稍迟作书，而今日星期，独坐无俚，头目昏昏，又不克读书作文，因取退笔写此一札。没要紧语，说也说不尽，不说亦无关系，不如不说之为妙，图得两家清静，相安无事。（写到此忽有客来，遂阁笔，元月十一日午）

忽忽一周始终未晤及荫甫，时有琐事，加以雪后发动痼疾，此纸遂未续写。昨日上午荫兄拨冗到寒斋来，详谈一小时。关于言兄来津事，此间党政领导经荫公联系，已作出肯定之规定（此亦可谓急转直下也），下一步棋便是师大与京社人事科直接函商。惟荫公与不佞此刻反有顾虑：吾兄到此教书，每周五六节课（初步规定），决能胜任愉快，惟系内系外各种大会小会（此却不能以时数计算，年来会多，当在意中），以身体健康条件之故，能否一一参加？如其不能，殊多不便。京社比来又有何种情况？希速示知为盼。匆匆。此颂
日祺

顾随拜手　一月十八日上午

教员宿舍在马场道，而中文系则在六里台，校车只有四班，往为早七时半，下午一时半，返为中午十二时，下午六时，亦不甚方便也。

此间已停课考试，荫公说不佞可安心休息，静待二月八日上下学期课。若荫公则仍然忙得不可开交。

一九六〇年一月二十一日

玉言道兄座下：

今日上午奉到十九日手札，备悉种切。年来不曾睹面相逢，不意兄乃为病累至此，审如来书所言，则来此任课恐与玉体至不相宜。此间每周星五下午（四小时）与星六竟日（共八小时）为政治学习时间，师生举须参加，此外每日下午多数无课，以便召开业务（或劳动）会议，有时夜间亦开会。至于时数之比例，则以不佞去岁亦在半休状态中，并未参加，所以无

从说起。然兄根据以上所说，想亦可约略得之矣。中文系去秋始移六里台上课（其他各系仍留马场道本校），刻正大兴土木，预备三年后全部迁往，与天津大学、南开大学湖宇相望，并列卫津路上。若然，则三年之内势须卫持现状，利用校车或公共汽车或其他交通工具仆仆于马场道、六里台之间也。兄之重听乃较不佞为剧，此与开会诚属不宜，遵嘱当告语荫父暂缓进行。今日大风，筋楚益甚，姑止是。敬颂

冬祺

顾随拜手　元月廿一日午刻

一九六〇年一月二十二日

得玉言来书慨然有作

万里江山入画图，群星北拱绕雄都。试看六亿舜尧在，那得八方风雨殊。蟠屈苍松饶古意，玄黄病马畏长途。邓林余迹寄身后，不似移山抵死愚。

迎　春

光芒万丈接朝晖，六亿人民心似葵。得水蛟龙非泛泛，因风杨柳更依依。三山压顶成已事，五岳低头看此时。遍地花开真火炽，映天十丈树红旗。

玉楼春

许多厂矿提前完成头十天计划（《人民日报》新闻标题）誌喜

革新革命（谓技术革新与技术革命）风云起。到处提高生产率。十天计划早完成，向党鸣锣来报喜。　　六十年代刚开始。万里扶摇鹏展翅。开门日日满堂红，一串红时红到底。（上海各工厂凡各工序均复跃进，谓之一串红。）

近作韵语凡三章，大寒中写寄玉言一看。

古贝述堂未是草　元月廿二日晨兴

《迎春》七律与此《玉楼春》词，皆非不佞极为意称物又逮意之作，然皆足以为不佞之代表，才力、学力、格调、气韵，只能达到此种限度无论已，最要者是能表现不佞于诗词两种不同韵文形式之用心致力处也。言兄谓然乎？不然乎？

来书劝不佞多事休息，勿运文思，玉言爱我哉！又上次手札中谓，不佞五七言诗胜于长短句，此则知我者之言，此中甘苦不足为外人道也。至讶不佞多为词而不为诗，则视我过高、期我太殷矣。窃尝谓：诗之为体，一者浑厚，二者摇曳；又昭明赞陶公诗“抑扬爽朗，跌荡昭彰”，凡此皆词所不能及，亦缘此故，为词较易于为诗。不佞才短力弱，加之年长气衰，故复舍难就易。复次，词之旋律，古人当家已安排妥贴，随手取用，步趋规矩，无事更张；若夫诗之写来，泠泠悦耳，大弦春温，小弦廉折，是非具师旷之聪，操伯牙之琴者不能办，述堂何足以语此。以上尚是就学古而言，至于今用，则古近体诗又远弗如词。老舍同志曾说：现代语词入诗，便有打油气，吾常叹为知言，词则庶乎可免此患。解放前，不佞上堂，每谓写新意境，诗不如词，词不如曲，但会意者无多耳。顾曲之难于词，较诗更甚。去岁曾奉一书，略露此意，兹不再三。指腕僵直，书不能尽意，如何，如何！

古贝述堂　廿二日午

或谓此论或有当于五七古，若近体自当不尔。私意不然。近体若只依常规，格调往往失之卑下，晚唐诗每有此弊。崔颢之《黄鹤楼》、太白之《凤凰台》《听蜀僧弹琴》、孟浩然之《岘山亭》、白傅之《草》，以及老杜诸作，超绝处皆在于拗字拗句也。又如每字之音色、音量，以及字与字、句与句间组成之旋律、平仄、格律，可以发挥作用，顾又有超出乎平仄格律者。不佞出乎口，入乎耳，有时能自得之，然感性尚未升为理性，至于今，仍不能言之也。

古贝述堂　同日下午

未编年[1]

（一）

拙书比益有进步，此道只让得默老一人，若其他以书法擅名当世者，与苦水作弟子亦须回炉改造一番，方可商量耳。玉言必不以不佞为大言不惭也。

（二）

日日忙于上课、改卷，又素性躁急，每有小不如意事，内心便不能平和。迟迟作复，职是之故。谅之，谅之。草草未尽所怀。此颂

玉言兄著祺

顾随再拜　五月十五日

① 此二通短札年代难以确断，但据书法、用纸及内容判断，当不晚于上世纪四十年代中期。

后　记

父亲执教一生，育人无数，桃李天下，而汝昌先生却是其中极为特殊的一位。他“登堂”不过有数的三四次——汝昌先生就读于燕京大学西语系时选修国文系顾随老师的课，为时不久（1941年12月），燕京大学即被日本侵略者强行封闭；“入室”的机会亦属难得——自燕大被封至父亲去世，师弟子多数时间分处两地，即或同在京城也有内外城之隔，交流亦多凭书翰往还。1990年纪念父亲忌辰三十周年之际，汝昌先生在讲话及撰文中，不无骄傲而欣慰地宣称：“我是与先生‘通讯受业’历史最久的一个特例。”（《怀念先师顾随先生——在顾随先生逝世三十周年纪念会上的报告》）这些信札，除了师弟子间生活、内心的倾吐，诗词的唱和与推敲，更多的篇幅是老师把自己的学问、文章借书信这一载体，向弟子作生动传神的传授，再与弟子进行深层的探讨。故此，汝昌先生说：“其多年的积学覃思之未宣者，却以此际的兴会与灵感所至，给我的信札竟然多次‘变成’了整篇的论学研文说艺的长篇论文……其文章与字迹之美，使我加倍地爱不释手。这些‘书札’论文，所涉之层面至为深广，可说是先生为文治学的成熟期的一大迸发的结晶……”（同上）关于这批贵逾珍宝的学术和文化财富，汝昌先生在此前此后论及老师的文章及谈话中，几乎没有一次不提及。

改革开放之初，我去拜见汝昌先生，他珍重地将几件老师寄给他的手稿、抄稿等亲手交付给我（如《佛典翻译文学》《说辛词〈贺新郎·赋水仙〉》等，均已收入父亲的《文集》和《全集》），而师弟子间往来的书信，却以种种原因一时不知下落。因此，2000年12月河北教育出版社出版的《顾随全集》中，书札虽独占一册，却无一通致弟子周汝昌，留下一个不小的遗憾。

时至2001年春，汝昌先生终于搜寻到一部分老师当年寄去的书札（起自1942年，迄于1954年），复印件经张恩芑先生（父亲任教辅仁大学时的弟子）转交给我。汝昌先生同时还写有几句简短的附言："目濒盲，数次努力，亦无法整理，请之京代劳。"回首前此十年，汝昌先生即口头向我交代过这项"任务"：那是1990年9月2日召开纪念父亲逝世三十周年大会的时候，我与张恩芑先生（大会筹备者、主持者）同去接汝昌先生参加大会的途中，汝昌先生说：老师的那些信件，虽然丢失了不少，但还能有一部分，工作繁忙，目力不济，将来整理这些信件的事，"非之京莫属"（其时我已有为《文集》整理《驼庵诗话》的经历）。十年过去了，汝昌先生的目力更加不济，他老人家写在便笺上的"目濒盲"等寥寥十七字，个个虽都有铜钱大小，仍有多处字画重叠，需细细辨认，而我从中读出的是汝昌先生珍重的委托，掂出的是其中不同寻常的分量。

作为女儿，怀着思念父亲的亲情；作为后学，面对长年学者的重托；作为一个中国古代文学教师，肩负着传承文化的责任。对这些书札，我已经记不清捧读了多少次，渐渐认全了书札上父亲那一手漂亮而规范的草书，渐渐理清了书札的前后时间顺序，又依据所知的情况逐篇做了编年和注释。整理工作一直是在严肃而温暖的情感氛围中进行，而我又时时感受着心底一种莫名的不能安宁的悸动。到2008年，河北教育出版社筹划出版这一册书信集，我的初步整理稿相距印制成书还差得很远，这时，有了林涛学棣的合作。他同样无数次地捧读，逐字地辨认，思考、补充和订正编年和注释，还做了大量的打字、核校、拍照、编排等工作，有了他的努力，才使这项“任务”不至延宕多时。

2008年5月底，我和林涛一起去北京拜见汝昌先生，向他老人家“汇报工作”，并且带去了汝昌先生1990年纪念父亲忌辰三十周年报告的“节录稿”，准备作为本书的“代序”，请汝昌先生印可。在书籍文稿高高堆叠、室内光线稍显昏暗的书房里，汝昌先生借助高倍助听器亲近地与我们交谈，高兴地肯定我们的工作。尤其使我们兴奋、感动得不能自已的是，已经年逾九旬的老学者，面带欣慰与欢快地对我们说：“为这本书写一篇序是我义不容辞的事，我自己写不了字了，我口述，由伦玲记录，这可能没有我手写的好，但我一定要‘写’出来，你们只要告诉我给我多少时间就行!”不久，我们就收到了汝昌先生的序文。这对于我们真是分外之想，而对阅读到这册书札的读者来说，无疑也是一份意外之喜!

然而，这还仅仅是幸运的开始。谁说“福不双至”?就在书稿编校工作已近尾声之时，2009年春季，伦玲女士忽然打来电话，听筒里传来她兴奋的语音：“告诉你一个好消息!”——原来她和汝昌先生又找到一些信函，数量还不少。

不几日，我们收到了这第二批信函的复印件，有数十通之多，三万余字，与前一批信函时间上恰相衔接。有了整理前一批书信的经验，这一次工作进展得很快。林涛在编订核校时，再次逐字对照复印件和整理稿，在初步编年的基础上，析解其中的悬疑，订正其中的疏误。整理稿复经伦玲女士过目，提出了几条非常有价值的修改建议。我们有一个共同的心愿，就是要努力使这册书出版后不留下什么遗憾。

人真是永远没有知足的时候，当整部书稿编订完成之时，我又心生妄想：如果当年师弟子间书翰的去来往复两相对应，编订在一起，那该是怎样一部令人读之“如行山阴道上”的书啊！然而，这是妄想，早已没有了成为现实的可能。

其实，当年弟子的封封来函，父亲本是全部收存着的，放在书房大书桌右侧下方的小柜橱里，这连我那粗识文字的母亲都知道。一次，母亲和我拉家常时曾“打趣”父亲：“给你爸爸来信的净是一个叫‘什么鱼’、‘鱼什么’的（汝昌先生给老师写信常署名“射鱼”或“射鱼邨人”），这个‘鱼’的信，都收在那小柜门里。”说得父亲也笑了。父亲过世之后，母亲住进父亲的书房，一切书籍、文稿，连书桌上的玻璃板、砚台、笔墨都原封未动。1966 年狂飙突起，“造反派”以“扫四旧”之名，行搜寻“反动学术权威顾随”“罪证”之实，对我家梳发篦头式地查抄了两天，连一张写有毛笔字的纸片都没留下。最后，什么“罪证”都没有发现，而大批文稿来札却由此灰飞烟灭，杳无踪迹。念及此，不由地更感佩汝昌先生七十年来对老师信函的苦心珍存，真是难能中之难能，可贵中之可贵！而这册《顾随致周汝昌书》的出版，除了是对父亲最好的告慰与纪念，也顺遂了汝昌先生那一怀思念恩师、回报师恩的心意。

如今，书稿即将付梓，借“后记”的版面，零零散散写了如上一些心里话，至于书中厚重的历史、人文、学术内涵，读者自能心领神会，正不须拙笔之喋喋。限于水平与资料，信函的编年以至文字的辨识、断句、分段，容或有误，恳切盼望读者不吝补正。

顾之京

2010年1月末草成